南阳理工学院博士科研启动研究项目：
河南省制造业企业高质量发展的战略定位、实现路径与支撑体系研究（NGBJ-2020-28）

上市公司信息披露质量影响效应研究

基于我国沪深A股上市公司的经验证据

杜金柱／著

WUHAN UNIVERSITY PRESS
武汉大学出版社

图书在版编目(CIP)数据

上市公司信息披露质量影响效应研究:基于我国沪深 A 股上市公司的经验证据/杜金柱著 . —武汉:武汉大学出版社,2023.9
ISBN 978-7-307-23861-9

Ⅰ.上…　Ⅱ.杜…　Ⅲ.上市公司—会计信息—研究—中国
Ⅳ.F279.246

中国国家版本馆 CIP 数据核字(2023)第 126237 号

责任编辑:李　玚　　　责任校对:李孟潇　　　整体设计:韩闻锦

出版发行:**武汉大学出版社**　(430072　武昌　珞珈山)
(电子邮箱:cbs22@whu.edu.cn　网址:www.wdp.com.cn)
印刷:武汉邮科印务有限公司
开本:720×1000　1/16　印张:11.5　字数:163 千字　插页:1
版次:2023 年 9 月第 1 版　　2023 年 9 月第 1 次印刷
ISBN 978-7-307-23861-9　　定价:49.00 元

前　　言

信息披露是资本市场上投资者进行投资决策的主要依据，高质量的信息披露不仅能够确保资本市场良序运行，还能够保障投资者的利益得以充分实现。为此，中国证监会陆续出台并修订了《上市公司信息披露管理办法》，规范上市公司及其他信息披露主体的信息披露行为，以达到加强信息披露事务管理、保护投资者合法权益的目的。对于上市公司而言，高质量的信息披露不仅有利于公司保持良好的社会形象和声誉，而且还能够使公司在资本市场上赢得更多投资者的关注和青睐，并因此能够获得更多融资支持。鉴于上述现实背景以及利益相关者对上市公司信息披露质量的日益重视，对上市公司信息披露质量影响效应的研究便具有十分重要的现实意义。那么，上市公司信息披露质量将会对资本市场运行和上市公司持续发展产生哪些影响效应呢？本书将深入研究上市公司信息披露质量的影响效应，并结合资本市场和上市公司自身特征展开系统完善的研究，以期能够丰富信息披露相关文献研究，并对上市公司长期持续发展以及投资者利益保护起到有效的推动作用。

本书在研究过程中，首先对研究中所使用到的相关理论进行阐述，并对国内外关于信息披露质量对公司业绩、风险承担与资本成本的关系，数字经济测度，数字经济与企业创新，以及企业创新持续性的影响因素等文献进行梳理，以找出本书的研究切入点；其次，分别对信息披露质量与公司业绩、信息披露质量与风险承担、信息披露质量与资本成本等关系进行理论与实证分析；然后结合数字经济发展趋势以及其对实体经济所产生的影响，分析数字经济、信息披露质量与企业创新持续性之间的相互影响关系，从而拓展了上市公司信息披露质量影响效应的研究内容；最后根据上述研究内容提出相关的政策建议，以期能够不断完善上市公司信息披露制度，保护广大投资者的利益。

第一，系统分析了信息披露质量对公司业绩的影响机理。通过使用应计盈余管理调整公司业绩，并建立多元回归分析模型重新审视信息披露质量与公司业绩的关系，并进一步分析独立董事治理对信息披露质量和公司业绩关系的调节作用。研究结果发现，在使用应计盈余管理对公司业绩进行调整后，存在一个最优信息披露点，在其左侧信息披露质量的增加会带来公司业绩的提高，而在其右侧信息披露质量的增加却会导致公司业绩的下降；在使用应计盈余管理对公司业绩进行调整后，独立董事会显著影响信息披露质量与公司业绩之间的相关性，独立董事比例的提高会显著降低最优信息披露点。因此，对于政府部门而言，要不断完善上市公司信息披露规范和制度要求，同时也要防范由于上市公司信息披露混乱造成的市场机制紊乱现象。对于上市公司而言，应该不断建立健全信息披露机制，充分发挥独立董事的监督作用，在保护投资者权益的同时提高公司市场价值。

第二，深入探讨了信息披露质量对风险承担的影响机理。较高的信息披露质量能够有效缓解代理问题和融资约束问题，提高公司风险承担水平，进而验证了信息披露的"治理效应"；在控制了内生性问题并进行稳健性检验之后，该研究结论依然成立。进一步研究发现，管理层持股激励能够显著增强信息披露质量和公司风险承担的正向关系，且这种影响关系在高管理层持股组中更显著。风险承担反映了公司投资决策的风险选择，并影响公司的长期发展和社会经济增长，因此在公司各种决策过程中，管理层应该有效识别并重视风险高但预期净现值为正的投资项目，以提升公司竞争优势并合理利用投资机会，从而促进公司长期持续发展。此外，管理层持股作为一种有效的长期激励机制，对公司治理起着重要作用，不仅可以改善上市信息披露制度环境，而且也提高了公司风险承担水平。为此，我国相关部门和上市公司应该不断完善上市公司管理层激励机制，鼓励管理层积极进行合理的风险投资项目，促进公司的长期发展，并促进我国资本市场健康发展和经济增长。

第三，深入分析了信息披露质量对资本成本的影响机理。公司成长性差异对上市公司信息披露与权益资本成本关系具有调节作用，利用成长性中位数对总样本进行分组回归分析，结果发现成长性高的上市公司，其信息披露质量越高，权益资本成本越低。进一步，按照公司的控股权性质差异进行区分，研究发现，在成长性高的样本组中，非国有控股上市公司信息披露对权益资本成本的影响相对更显著，在成长性低的样本组中，国有控股上市公司信息披露对权益资本成本的影响相对更显著。本书不仅丰富了资本市场信息披露的研究，而且也有助于投资者更加清晰地了解不同成长性公司的信息披露状态，提高对上市公司的财务分析能力和信息解读能力，提高投资者的决策水平。同时，监管机构可以要求上市公司在进行信息披露时强化企业成长性信息披露水平，加强信息披露的持续监督力度，确保资本市场的有效运行。

第四，合理拓展了数字经济发展对企业信息披露质量与企业创新持续性的影响。数字经济能够显著提升企业信息披露质量，且随着数字经济发展水平的不断提升，企业信息披露质量也将随之提高；制度环境能够有效促进数字经济发展与企业信息披露质量之间的正向关系，即当企业所处的制度环境越好时，数字经济发展对企业信息披露质量的促进作用越显著；数字经济发展对企业信息披露质量的影响存在区域异质性差异，相较于中西部地区，数字经济发展对企业信息披露质量的促进作用在东部地区更为显著。此外，数字经济发展带来的信息效应、增值效应和创新效应能够通过直接作用显著促进企业创新持续性水平的提升；探索式创新能力和利用式创新能力能够在数字经济发展与企业创新持续性之间发挥有效中介作用，数字经济发展能够通过探索式创新能力和利用式创新能力间接促进企业创新持续性水平；制度环境对数字经济发展与企业创新持续性之间的关系具有积极调节效应，即制度环境越好，数字经济发展对企业创新持续性的提升作用越显著；数字经济发展对企业创新持续性的影响存在区域异质性差异，相较于中西部地区，数字经济发展对企业创新持续性的提升作用在东部地区更为显著。本书的研究不仅拓展了数字经济发展中产生的"数字红利"的相关研究，而且也为在不同制度环境下有效运用数字经济提高企业信息披露质量以及提升企业创新持续性水平提供理论支持和经验证据。

目　　录

第1章 绪 论

1.1 研究背景与意义

1.1.1 研究背景

信息披露制度是上市公司为保障投资者利益、接受社会公众监督而依照法律规定必须将其自身财务状况、经营状况等信息和资料向证券管理部门和证券交易所报告，并向社会公开或公告，以便使投资者能够充分了解公司情况的制度。上市公司信息披露制度是证券市场发展到一定阶段，相互联系、相互作用的证券市场特性与上市公司特性在证券法律制度上的反映。世界各个国家的证券立法大多将上市公司的各种信息披露作为法律法规的重要内容，同时信息披露制度在各国的证券法规中都有明确的规定。从信息披露制度发展过程来看，其源于英国和美国。17世纪末到18世纪初，英国发生了"南海泡沫事件（South Sea Bubble）"，并因此而导致了1720年"诈欺防止法案（Bubble Act of 1720）"的出台，随后在1844年英国合股公司法（*The Joint Stock Companies Act 1844*）中关于"招股说明书"（Prospectus）给出了明确规定，并首次确立了上市公司强制性信息披露原则（The Principle of Compulsory Disclosure）。尽管英国已经出现了信息披露相关制度，然而，当今世界信息披露制度最完善、最成熟的立法是在美国。

关于信息披露的要求最初源于 1911 年堪萨斯州的《蓝天法》(*Blue Sky Law*)。1929 年华尔街证券市场的大阵痛，以及阵痛前的非法投机、欺诈与操纵行为，促使了美国联邦政府分别于 1933 年颁布了《证券法》和 1934 年颁布了《证券交易法》。其中，1933 年的美国《证券法》首次规定实行财务公开制度，这被认为是世界上最早的信息披露制度。

信息披露制度的制定和实施，可以使各个利益主体充分及时地了解上市公司的经营状况、财务状况及其发展趋势，从而有利于证券监管机关加强对证券市场的管理，引导证券市场健康、稳定地发展。同时这也有利于社会公众依据所获得的市场信息，及时采取相关措施，做出正确的投资选择，此外也有利于上市公司的广大股东及社会公众对上市公司进行监督。对于中国证券市场而言，信息披露制度的法律依据主要是《股票发行与交易管理暂行条例》中关于招投说明书、上市公告书、上市公司的信息披露和公司合并与收购的规定，中国证监会制定的《公开发行股票公司信息披露实施细则(试行)》和《公开发行股票公司信息披露的内容与格式准则》(第 1—6 号)①。2020 年 3 月 1 日新《证券法》正式实施，从全面推行证券发行注册制度、进一步提高信息披露要求、完善投资者保护制度、显著提升违法违规成本等方面对证券市场各项基础性制度进行了修改完善。证券发行注册制要求在本发行条件的基础上，更加注重以投资者需求为导向，真实准确完整地披露信息。投资者根据发行人披露的信息审慎做出投资决策，形成合理价格，从而更有效地发挥市场在资源配置中的决定性作用。

2001 年，我国上海和深圳证券交易所开始对上市公司每年的信息披露情况开展评价工作，主要目的是发挥正向引导作用，督促上市公司真实、准确、完整地披露公司的各项相关信息，以推动上市公司在法律框架下进行规范运作，从而提高上市公司信息披露质量。表 1-1 和图 1.1 给出了 2015—2020 年深交所主板上市公司信息披露考评结果，主要分为 A(优

---

① https：//baike.so.com/doc/592256-626958.html.

秀)、B(良好)、C(合格)和 D(不合格)四个等级。可以看出,总体上而言,我国上市公司的信息披露质量呈现出不断上升趋势。

表 1-1　　2015—2020 年深交所主板上市公司信息披露考评等级结果

(单位:个)

年份	A(优秀)	B(良好)	C(合格)	D(不合格)
2020	281	901	202	74
2019	268	855	214	72
2018	247	875	210	64
2017	259	877	203	40
2016	271	817	169	40
2015	263	812	145	34

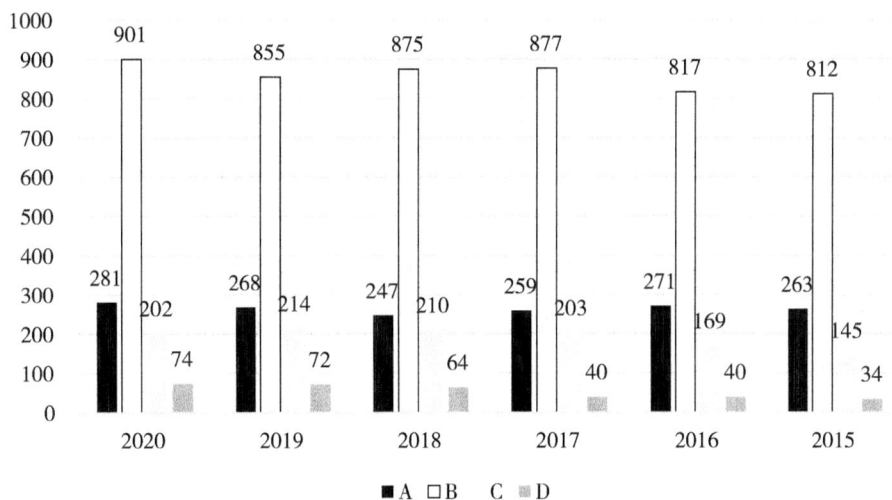

图 1.1　2015—2020 年深交所主板上市公司信息披露考评等级

然而，不可忽视的是，尽管我国证券监督管理部门不断地对上市公司信息披露制度进行完善，但是依然存在着诸多上市公司信息披露违规事件。根据中国证券监督管理委员会 2022 年 2 月 18 日发布的信息显示，中国证监会全年共办理案件 609 起，其中重大案件 163 起，涉及财务造假、资金占用、以市值管理名义操纵市场、恶性内幕交易及中介机构未勤勉尽责等典型违法行为①。可以看出，我国上市公司信息披露行为依然存在着诸多问题，主要表现在以下几个方面②：

1. 披露虚假公司信息

这主要是指上市公司在对外披露公司信息时尚未按照中国证监会的相关文件和政策要求，对公司的财务和非财务信息进行虚假披露。其主要目的就是提高短期业绩，伪造公司财务信息，对财务报表进行粉饰，这种行为显然已经对证券市场的良序发展产生了不利影响和危害，而且在很大程度上造成投资者的利益受到损害。

2. 信息披露不充分

源于上市公司的需求，一部分上市公司在实际披露信息过程中会采取选择性信息披露。为了获得更多市场融资和投资者关注，他们往往会隐藏不利于公司发展的信息，从而造成市场上出现的信息不完整，对于一些对企业有重大影响的诉讼、担保，对企业损益有重要影响的计提减值准备等事项，投资者一般很难获得。这种现象不仅会损害信息获取者的信息知情权，影响了投资者未来的决策，而且严重扰乱了市场公平竞争环境。

---

① http：//www.csrc.gov.cn/csrc/c100028/c1921138/content.shtml.
② 徐晓云．上市公司信息披露现状、问题与建议[J]．金融纵横，2021(12)：63-66.

3. 信息披露不及时

信息披露的原则之一是时效性，然而在现实生活中，存在着一部分上市公司对信息披露时效性的认识不足，他们会出于各种主观原因不及时披露有关公司信息，因此这一信息的不及时性在一定程度上会对投资者的决策产生滞后性，对他们的决策结果产生负面作用，不仅有可能造成较为严重的内部交易，而且对广大的利益相关者均会带来一定的利益损失。

1.1.2 研究意义

信息披露是投资者在做出投资决策和价值判断过程中重要的参考依据，而高质量的信息披露不仅能够促进公司加强内部经营管理，提高公司经营业绩，也是提高证券市场效率的重要手段之一。那么，在我国经济转型升级和数字化发展背景下，上市公司信息披露将会对资本市场、利益相关者产生何种影响效应呢？同时，随着企业数字化转型不断拓展，数字经济发展给实体经济带来了更多发展机会，这又将会对企业信息披露质量和企业创新活动产生何种影响效应？这些问题的解决不仅对于当前我国上市公司信息披露制度的发展完善研究具有重要的理论价值，有效地推动了上市公司信息披露监督制度的不断完善，而且对于数字化转型背景下我国企业创新能力的提升以及促进企业长期持续发展也具有重要的现实意义。

1. 理论意义

第一，本书以上市公司信息披露影响效应作为主要研究关注点，分别从信息披露质量对公司业绩、企业风险承担和资本成本等角度研究其所产生的影响效应。尽管现有研究在信息披露影响效应方面做出了大量的研究成果，但是对这三个方面的研究尚未给予足够的关注，也缺乏有效的经验证据。基于此，本书将系统地从微观角度研究信息披露质量影响公司业绩、风险承担和资本成本的影响机理，从而为学术界关于信息披露质量经济后果的争论提供新的经验证据。

第二，将数字经济发展所带来的"数字红利"纳入上市公司信息披露影响效应研究框架，丰富和完善了数字经济影响后果和信息披露质量因素的理论研究体系。已有研究尚未关注两者的影响关系。此外，数字经济发展在给实体经济高质量发展带来机遇的同时，也需要实体经济进行技术创新、模式创新和产品创新，而创新持续性则是确保企业创新活动得以持续进行，是企业获取竞争优势的关键。因此，如何有效运用数字经济带来的"数字红利"提升企业创新持续性水平成为学界和企业管理者关注的热点问题。本书将在信息披露质量影响效应的研究基础上，拓展关注于数字经济对企业信息披露质量和企业创新持续性的影响，弥补现有研究不足并完善相关研究内容。

第三，基于上述理论逻辑关系的梳理，进一步将产权异质性、管理层持股、独立董事、成长性差异等企业内部微观因素，以及制度环境、区域异质性等外部环境因素纳入本书的理论分析框架，考察了上述因素在基本研究中所产生的作用，拓展并丰富了本书的整体研究框架和内容，从而形成一个相对较为系统完整的理论研究框架。

2. 现实意义

第一，为提高企业信息披露质量，保证投资者的合法权益得以有效实现提供一定参考价值。在现实资本市场中，投资者关注更多的则是其个人权益得以有效实现。高质量的信息披露不仅能够提高外部投资者对企业的信任度，提高企业信息透明度，而且还有助于企业获得更多创新资金支持，进而确保企业能够获得长足发展。因此，本书的研究不仅有助于投资者做出更为有效的投资决策，而且对于经济转型时期推动上市公司持续健康发展具有重要的现实意义。

第二，基于我国现实发展背景和外部市场的激烈竞争，研究各种微观因素和宏观因素对上市公司信息披露质量的影响，不仅为我国上市公司信息披露制度的不断完善发展提供有力的经验证据，而且对于提升企业市场竞争能力提供相关经验借鉴。同时，对正处于经济转轨以及数字经济快速发展的中国企业而言，本书的进一步研究不仅有利于推动上市公司加大数字技术的广泛应用，提升数字化能力，获取更多市场竞争优势，而且对企业创新能力的提升也具有重要的现实意义。

1.2　研究思路与内容

1.2.1　研究思路

第一，基于研究关键词，本书阐释了开展研究的具体背景和制度现状，在此基础上提炼出需要重点解决的关键问题，凝练出本书的研究目的，并从理论意义层面阐明本书研究所具有的理论价值，从现实意义层面表明本书具有的现实指导意义，在上述分析的基础上，提出具体的研究思路和内容，构建研究路线和概念模型。第二，对信息披露质量、风险承担、公司业绩和资本成本关系，数字经济和信息披露质量以及企业创新持续性关系等相关文献进行详细梳理，以期能够找到现有研究存在的不足之处，挖掘出亟须进一步研究的切入点。第三，提出本书研究的三个关键问题，同时将企业微观因素纳入三个不同的研究框架，进一步考察它们在信息披露质量影响效应研究中的影响作用。第四，从数字经济发展的角度研究数字经济发展在信息披露质量与企业创新持续性中的作用效果。第五，基于以上理论分析和实证研究结果，提出相关对策建议，并总结出本书的研究结论和主要创新点，以及提出本书研究中存在的不足之处。

1.2.2　研究内容

基于前述研究问题提出和逻辑思路分析，提出本书需要深入分析的研究内容：

第一章为绪论。本章首先介绍本书的相关政策研究背景和现实背景，以及上市公司信息披露质量研究的迫切性，凝练出本书的研究问题；其次，指出本书的研究目的，分别从理论和现实意义两个方面阐述本书研究的价值；再次，基于前述分析提出本书的研究思路和内容；最后，对本书研究中应用到的方法进行总结，并形成研究技术路线图。

第二章为理论基础和文献综述。一方面，本章对研究过程中应用到的相关基本理论进行阐释，为后面的相关研究奠定理论基础；另一方面，本章对信息披露质量与公司业绩、风险承担和资本成本之间关系的国内外文献进行详细梳理，并对相关文献研究进行述评，以找出未来需要深入研究的问题。

第三章为信息披露质量对公司业绩的影响研究。这是本书的主要研究内容之一，本章重点分析信息披露质量对公司业绩的影响机理。具体而言，首先，构建信息披露质量影响公司业绩的影响机理，从理论层面分析两者的影响关系，并提出相关需要验证的假设；其次，进行研究设计，分别进行样本选取和数据来源确定，对研究过程中主要的变量进行选择设计，并构建实证检验模型；再次，采用统计分析方法对假设进行检验，以验证两者的影响关系，并对研究过程中可能存在的内生性问题进行稳健性检验，以确保本书的研究过程的严谨性；最后，从产权异质性角度考察其在信息披露质量与公司业绩关系中的影响差异，以及独立董事所发挥的作用。

第四章为信息披露质量对风险承担的影响研究。这是本书的主要研究内容之二，本章重点分析信息披露质量对公司风险承担的影响机理。具体而言，首先，构建信息披露质量影响公司风险承担的影响机理，分别从公司治理效应和管理层声誉效应两个角度分析两者的影响关系，并提出相关需要验证的假设；其次，进行研究设计，分别进行样本选取和数据来源确定，对研究过程中主要的变量进行选择设计，并构建实证检验模型；再次，采用统计分析方法对假设进行检验，以验证两者的影响关系，并对研究过程中可能存在的内生性问题进行稳健性检验，以确保研究过程的严谨性；最后，从产权异质性角度考察其在信息披露质量与公司风险承担关系中的影响差异，以及管理层持股所发挥的作用。

第五章为信息披露质量对公司资本成本的影响研究。这是本书的主要研究内容之三，本章重点分析信息披露质量对公司资本成本的影响机理。具体而言，首先，构建信息披露质量影响公司风险承担的影响机理，从理论层面分析两者的影响关系，并提出相关需要验证的假设；其次，进行研究设计，分别进行样本选取和数据来源确定，对研究过程中主要的变量进行选择设计，并构建实证检验模型；再次，采用统计分析方法对假设进行检验，以验证两者的影响关系，并对研究过程中可能存在的内生性问题进行稳健性检验，以确保本书的研究过程的严谨性；最后，从产权异质性角度考察其在信息披露质量与公司资本成本关系中的影响差异，以及成长性差异所发挥的作用。

第六章为数字经济背景下企业信息披露质量的影响研究。这是本书的拓展性研究，本章重点分析数字经济发展、信息披露质量与企业创新持续性之间的影响关系。具体而言，第一，对中国数字经济发展现状进行分析，以明确我国数字经济发展的现状和未来趋势；第二，对数字经济发展与企业信息披露质量的影响关系，以及数字经济发展与企业创新持续性的关系进行理论分析，并提出相关研究假设；第三，进行研究设计，分别进行样本选取和数据来源确定，对研究过程中主要的变量进行选择设计，并构建实证检验模型；第四，采用统计分析方法对假设进行检验，以验证两者的影响关系，并对研究过程中可能存在的内生性问题进行稳健性检验，以确保本书的研究过程的严谨性；第五，进一步从制度环境和区域异质性角度考察其在上述研究关系中所产生的影响差异，以拓展并丰富相关研究成果。

第七章为研究结论与政策建议。在对前述研究内容进行总结和凝练的基础上，从加强上市公司信息披露监管力度，提高企业信息披露质量；营造良好的数字经济发展环境，大力推动企业数字化技术应用；加大数字技术创新应用，提升企业创新能力等方面提出相关政策建议。同时，对本书研究过程中存在的局限性进行阐述，并对未来研究进行展望。

1.3　研究方法与技术路线

1.3.1　研究方法

为系统深入地研究上市公司信息披露的影响效应，本书运用了多种研究方法。主要包括：

1. 文献研究法

针对本书需要重点研究的内容，借助于学校图书馆知网系统以及国外学术研究检索平台，重点对信息披露质量、公司业绩、风险承担、资本成本与企业创新持续性等国内外相关文献研究进行检索，并对其进行系统阅读和详细梳理，以确定本书拟解决的关键问题。

2. 理论分析与实证分析法相结合

通过对现有文献研究进行评述后发现，关于上市公司信息披露质量的影响效应尚未有系统完整的理论解释和实证研究，因此，以此为研究主线，从理论上阐释信息披露质量与公司业绩、风险承担、资本成本，以及与企业创新持续性之间的关系，并将产权异质性、成长性差异、制度环境、区域异质性等内外部因素纳入基本研究框架，以检验这些因素所产生的影响效应。在理论分析基础上，运用描述性统计对样本特征进行统计分析，通过调节效应检验产权异质性、成长性差异、管理层持股、独立董事等内部因素，以及制度环境、区域异质性等外部因素在上述研究中所产生的影响作用，通过中介效应检验双元创新在数字经济与企业创新持续性关系中的调节作用，并通过稳健性检验和内生性检验对以上结论进行实证分析，从而为提高企业信息披露质量，加强数字技术应用，以及保持企业持续性创新提供依据。

3. 规范分析与实践导向相结合

本书基于经济转型以及数字经济快速发展时期的现实背景以及内外部治理现状背景下企业信息披露制度的建设与完善，以及投资者利益保护的目的，展开上市公司信息披露影响效应的研究。采用规范研究中"提出问题—分析问题—解决问题"的基本逻辑，在系统分析基础上，本书的研究有其重要的实践导向：一是加强企业信息披露监管，改善企业经营环境；二是优化信息披露监管激励机制，提升企业信息披露质量；三是构建公平的市场竞争环境，强化信息透明度，提高企业创新水平。在这样的实践导向下，结合经济学和管理学等相关理论知识，探讨信息披露质量的影响作用，并分析内外因素对基本研究关系影响的一般逻辑规律，丰富相关理论研究，并指导实践。

1.3.2 技术路线

本书整体研究内容和技术路线如图 1.2 所示。

研 究 内 容 | 研究方法

研究背景 → 研究意义 → 研究思路 → 研究内容

信息披露与公司业绩
信息披露与风险承担
信息披露与资本成本
文献综述
数字经济测度
数字经济与企业创新
企业创新持续性影响因素
文献梳理、文献评述

信息披露质量对公司业绩的影响研究
影响机理分析 | 研究设计 | 实证检验 | 稳健性检验 | 进一步研究
理论分析法、描述性统计、相关性分析、固定效应

信息披露质量对公司风险承担的影响研究
影响机理分析 | 研究设计 | 实证检验 | 稳健性检验 | 进一步研究
理论分析法、描述性统计、相关性分析、固定效应

信息披露质量对公司权益资本成本的影响研究
影响机理分析 | 研究设计 | 实证检验 | 稳健性检验 | 进一步研究
理论分析法、描述性统计、相关性分析、固定效应

数字经济发展下信息披露质量与企业创新持续性研究
现状分析 | 影响机理 | 研究设计 | 实证检验 | 进一步分析
理论分析法、描述性统计、相关性分析、固定效应

研究结论与政策建议

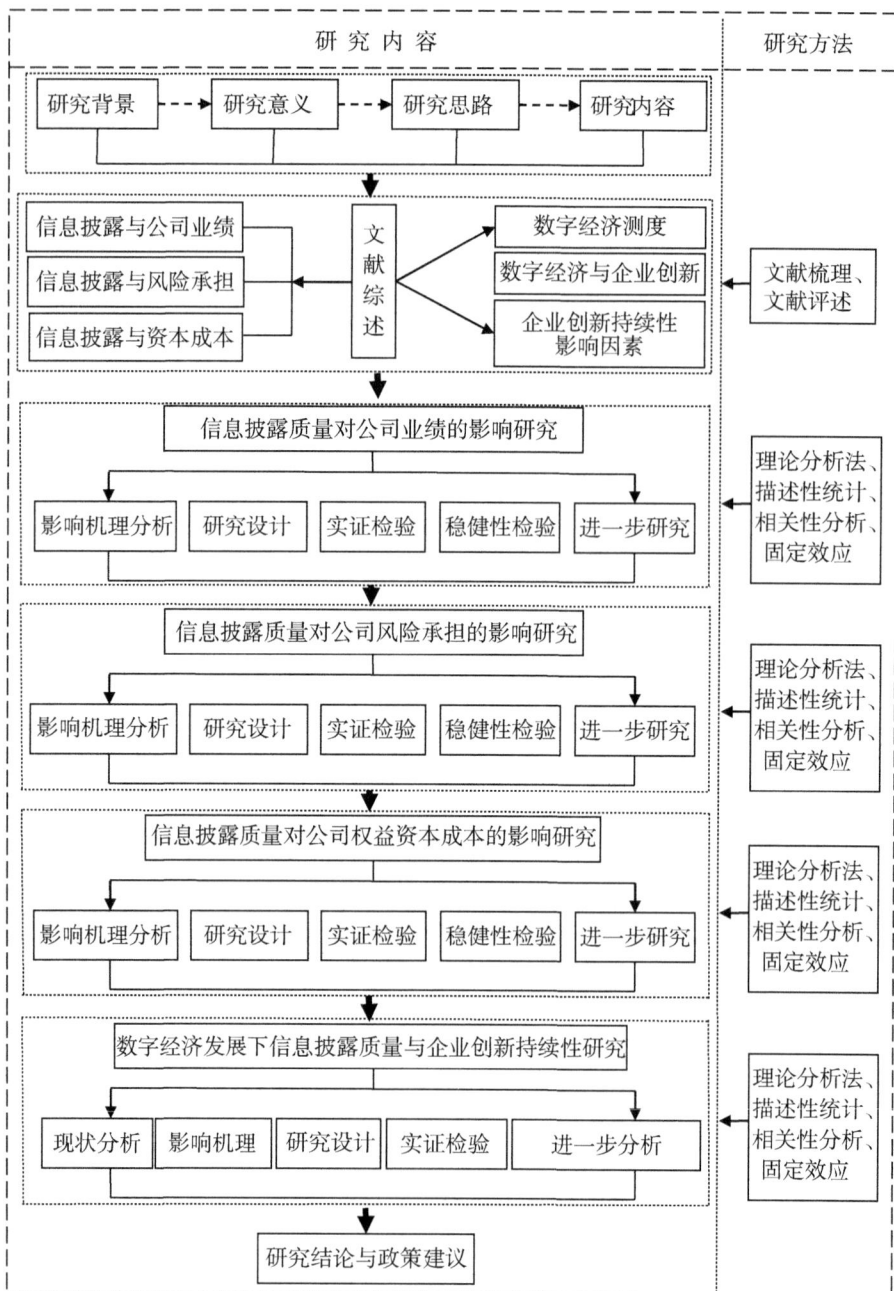

图 1.2 技术路线图

1.4 主要研究对象与可能的创新点

1.4.1 主要研究对象

本书主要的研究对象是上市公司信息披露影响效应，其主要涉及以下几个关键性问题：一是信息披露质量对公司业绩的影响机理，以及产权异质性和独立董事在两者关系中所起到的影响效应；二是信息披露质量对公司风险承担的影响机理，以及产权异质性和管理层持股对两者关系产生的影响作用；三是信息披露质量对公司资本成本的影响机理，以及产权异质性和成长性差异对这一关系的影响效应；四是数字经济背景下信息披露质量的影响研究，主要包括数字经济发展对企业信息披露质量的影响，数字经济发展对企业创新持续性的影响，以及制度环境在上述关系中的调节效应，并进一步分析双元创新对数字经济发展和企业创新持续性关系的中介效应，以及区域异质性的调节效应。

1.4.2 可能的创新点

本书的创新之处可能表现在以下几个方面：

第一，充分揭示了上市公司信息披露在公司治理领域中的影响效应。本书在研究上市公司信息披露影响效应时，将其经济后果的研究扩展至公司治理的方方面面，既涉及信息披露质量对公司业绩的影响，信息披露质量对公司风险承担的影响，又涉及信息披露质量对公司资本成本的影响等方面。由于投资者更多关注于企业经济利益目标的实现，而信息披露却仅仅能够有效反映上市公司经济目标的实现程度，因此也成为投资者和其他利益相关者关注的重点信息，而且投资者则主要是依靠上市公司对外披露的各种报表信息，所以这些信息的质量高低和准确程度在很大程度上会影

13

响甚至会决定投资者的决策结果。因此，本书试图将信息披露质量可能会对公司治理的诸多方面产生的影响效果进行分析，并探索它们之间的相互影响机理，从而为深入理解信息披露质量的影响效果和机理提供有价值的参考，并为提升企业信息披露质量提供指导价值。

第二，系统分析了产权异质性、管理层持股、成长性差异、独立董事等内部治理因素在信息披露质量与公司业绩、风险承担与资本成本逻辑关系中的影响效应。一方面，作为一种有效的内部治理因素，管理层持股激励是其中最为关键的因素之一，本书的研究发现管理层持股作为一种长期激励机制，能够影响信息披露质量和公司风险承担之间的关系，有助于改善公司治理状况，并提高公司风险承担意愿。另一方面，独立董事治理作用的有效发挥能够显著影响信息披露质量与公司业绩之间的关系，并降低最优信息披露点。此外，成长性差异可以显著调节信息披露与权益资本成本之间的关系，利用分组回归分析法发现，高成长性上市公司信息披露水平越高，权益资本成本越低。因此，本书的研究深化了已有关于上市公司信息披露质量影响效应的认知和理解。

第三，深入探索了制度环境和区域异质性在数字经济、信息披露质量与企业创新持续性关系中的影响效应。由于不同上市公司所处的制度环境和区域异质性不可避免地会造成企业的经营环境和管理决策产生一定差异。随着市场环境的日益成熟，我国企业正面临着数字化转型，而这将对企业获取市场竞争优势有着重要影响，企业的决策行为必然会受到外部制度环境的影响。因此，本书首次将这两个外部因素纳入本书的基本分析框架，以深入考察其对数字经济、信息披露质量与企业创新持续性逻辑关系的影响效应。此外，随着市场竞争强度的不断加大以及企业生存环境的动态变化，使得企业要不断进行管理变革、组织变革、体制变革等以适应时代变化的步伐，而双元创新能力则是企业获得持续性竞争优势的关键所在。因此，本书在上市公司信息披露影响效应分析框架的基础上，从理论分析和实证研究两个方面深刻解释其所产生的逻辑影响关系。这一研究不仅拓展了信息披露质量影响效应的研究视角，而且使数字经济与信息披露质量关系的研究结论更具实践意义。

1.5　本　章　小　结

本章首先对本书的研究背景与意义进行阐述，在此基础上提出本书的研究思路与研究内容，其次对研究过程中使用到的相关方法进行简单介绍，并构建出具体的研究路线，最后提出本书主要的研究对象并进行总结，并提出研究可能存在的创新点。

第 2 章 理论基础与文献综述

结合本书的研究内容，本章首先对研究过程中应用到的相关理论基础进行阐释，其次从信息披露质量与公司业绩、信息披露质量与风险承担、信息披露质量与公司资本成本、数字经济与企业信息披露质量、数字经济与企业创新持续性等方面对已有研究文献进行梳理，在此基础上对已有研究观点进行评述，从而为下文的理论和实证研究奠定基础。

2.1 理 论 基 础

2.1.1 委托代理理论

委托代理理论是现代企业经营管理理论的重要组成部分，是制度经济学契约理论的主要内容之一。委托代理关系源于企业经营权和所有权的分离，是企业运营效率和管理团队专业性的追求，由企业所有者将经营管理权委托给专业的职业经理人，负责日常管理决策并获取报酬的一种代理模式(Ross，1973)。随着企业所有权和经营权的两权分离，股东和经理人之间通常会存在一定程度的信息不对称，而且两者存在差异化的利益函数，在利益博弈过程中，公司股东主要关注企业的经营业绩、企业价值和盈利能力等，而经理人则更为关注如何取得更多的报酬(Bernheim，1986)，因此便产生了委托代理问题。

委托代理理论是契约理论最重要的理论发展之一，这一理论的主要任务是研究当利益方之间存在利益冲突和信息不对称时，委托人如何设计更为有效的最优契约以激励代理人努力工作。与传统微观经济学的分析视角不同，委托代理理论主要用于分析企业内部、企业之间的委托代理关系，而且它在解释一些企业管理行为和现象时，比一般的微观经济学理论更为合理。

委托代理理论的主要观点认为，委托代理关系是随着生产力快速发展和规模化生产的出现而产生的。其原因在于：一方面，生产力发展使得组织分工进一步细化，企业所有者由于知识、能力和精力等原因不能行使其所有者权利；另一方面，专业化分工产生了一大批具有专业知识的代理人，他们有精力、有能力行使好委托人给予的权利。但在委托代理的关系中，由于委托人与代理人的利益函数存在差异，委托人追求的是企业财富最大化，而代理人追求的则是自己的工资津贴收入、奢侈消费和闲暇时间最大化，因此这必然会导致两者的利益存在冲突。因此，如果没有有效的制度安排，代理人的私利行为很可能最终损害委托人的利益（Ross，1973）。

2.1.2 信息不对称理论

信息不对称理论是微观信息经济学研究的核心内容之一。早期的经济学理论假设市场中的信息是完全充分的，但 20 世纪 60 年代西蒙和阿罗却对这一观点产生了质疑，他们认为在市场交易活动中任何决策都存在一定的不确定性，而不完全信息则是造成经济主体决策行为不确定性的原因之一。

信息不对称理论认为，资本市场交易活动中的各个主体所掌握的信息是完全不同的。在市场经济活动中，人们对资本市场中相关信息的了解是存在一定差异性的，由于买卖双方拥有的信息量是不对等的。信息使用者想要获得一定的真实信息将会花费太多的人力、物力和财力，因此，当交易双方中其中一方能够掌握较为丰富的信息时，他们往往就会处于相对优势地位，而另一方则因为缺乏足够的信息支撑会处于劣势地位。

信息不对称问题的存在引发了逆向选择和道德风险问题，由于代理人通常会维护并扩大与自身相关的利益，因此他们可能会依靠自身所具有的信息资源优势来损害委托人的切身利益。在已有的研究中，逆向选择模型主要是用来研究事前的信息不对称行为，特别是研究代理人通过抓住委托人处于信息劣势地位的短板，以此来隐瞒相关信息，达到获取超额利润的目的。利用各种客观条件来迫使资本市场资源分配不公平，这一手段将使得优质产品逐渐被劣质产品代替，市场上产品的质量普遍降低，最后出现"劣币驱逐良币"的怪象。道德风险模型则用来研究事后的信息不对称行为，代理人出于私利目的确保自身利益最大化，从而故意隐瞒相关信息，在道德层面侵占委托人的利益，并由此提高了交易过程的成本，从而加大了整个交易流程的风险性。

鉴于资本市场中普遍存在信息不对称现象，因此人们所有的信息活动大多是为了降低信息不对称性，以尽可能掌握充分的市场信息。因为资本市场上普遍存在着信息不对称现象，由此形成的逆向选择和道德风险，将会对市场主体的决策行为产生负面影响，所以必须通过一定的技术手段进行管理，提高社会资源配置效率，以确保资本市场平稳有序地运行。因此，提高信息披露质量就是降低信息搜寻成本，缓解信息不对称的有效的方法之一。

2.1.3　利益相关者理论

20 世纪 60 年代和 70 年代，"股东利益至上论"在公司治理领域得以广泛应用。然而，尽管这一理论得到了多数学者和企业家的认同，但是也有部分学者对此持不同的观点，他们认为企业应当承担社会责任，股东利益最大化并非是唯一的衡量标准，利益相关者理论由此萌芽。Freeman (1984)首先提出了利益相关者理论，他认为管理层应综合平衡各个利益相关者的利益要求。利益相关者理论不同于股东利益至上论，该理论认为虽然企业的所有者是股东，但是企业的发展离不开各个利益相关者的贡献。因此，公司治理的目标是实现社会财富最大化，即应当追求利益相关者的整体利益最大化。

利益相关者理论的核心是考虑所有的利益相关者要求，追求利益相关者的整体利益最大化。股东拥有企业的所有权，但企业是一个社会实体，还存在其他的利益相关者。企业通过不同的显性和隐性契约来明确其利益相关者的责任和义务，并在企业物质资本所有者和人力资本所有者之间合理分配企业的剩余索取权和剩余控制权，从而有效地为其利益相关者和社会创造价值。为了促进企业良好发展，并使利益相关者受益，利益相关者应积极参与公司治理，并致力于改善企业的治理水平。

企业有大量的利益相关者，不同的利益相关者实力有差异，参与公司治理的能力也因而有差异。相比于中小投资者，机构投资者的优势主要表现在两个方面：一方面，机构投资者拥有雄厚的资金实力、持股规模大，有监督上市公司的动力和资本；另一方面，机构投资者募集资金的背后出资人也是企业的利益相关方，他们还需要作为出资人的代理人监督管理层、参与公司治理。这意味着，机构投资者既需要维护自身利益，同时还需要维护其出资人的利益。

2.1.4 有效市场假说理论

在现代金融学发展过程中，其研究存在两个基本假设："经济人假设"和有效市场假说。其中，"经济人假设"认为投资者是理性的，他们所追逐的目标是其效用最大化，即收益最大化和风险最小化。"经济人假设"隐含投资者拥有足够的专业知识及分析能力，能够准确理解市场上的信息并进行加工、处理和分析，根据自身的知识与经验，做出最优的投资决策。同时，这一假设认为投资者是完全理性人，在做出投资决策时，只有理性因素而没有任何额外的非理性因素，比如个人情绪的干扰、主观经验判断等。基于"经济人假设"，Fama（1970）提出的有效市场假说认为证券价格包含了证券所有交易信息，当新的信息出现在市场时，市场参与者能够快速获得信息并及时做出反应，同时证券价格也会随之变动以反映新的市场信息。

有效市场假说的成立存在以下假设基础：第一，理性假设，即"经济人假设"。这一假设把投资者复杂的投资心理简化为一个寻求最佳收益及最小风险的过程。这样的简化处理能够使投资者投资心理、投资行为，乃至投资者所构成的整个市场规律的研究更为科学。但是这种简化并不完全贴合实际情况，大量研究表明，投资者的行为会受到各种心理因素的影响，并且非理性因素通常会占据主导地位。第二，套利交易假设。如果市场中出现了因非理性交易而产生的套利机会，总会有理性的投资者能够迅速发现套利机会，使得市场回到有效的状态，然而这种假设也缺乏一定的实际应用基础。可以看出，正是由于两种假设与现实情况存在较大的差异，才导致股票市场并不总是有效的市场。

有效市场假说表现为三种有效形态：（1）弱式有效市场假说（Weak-Form Market Efficiency）。由于证券价格中已包含证券所有的历史交易信息，此时技术分析所得的投资策略并不能为投资者带来超额收益，而分析基本面所得的投资策略可以为投资者带来超额利润，因为基本面信息并没有完全体现在证券价格中。（2）半强式有效市场假说（Semi-Strong-Form Market Efficiency）。证券价格中已包含证券所有历史交易信息及已公开的证券交易信息。投资者获得公开披露的市场信息并做出有效投资决策，而证券价格迅速做出反应以体现出市场信息。因此在半强式有效的市场中，技术分析、基本面分析等投资策略将不能为投资者带来超额收益，只有得到内幕消息的投资者才能够获得超额收益，因为内幕消息没有公开，且尚未体现在证券的价格中。（3）强式有效市场假说（Strong-Form Market Efficiency）。证券价格中已包含证券所有公开以及未公开的证券交易信息。这一环境下，任何投资者使用任何投资策略都无法获得超额收益，因为所有信息都已反映到证券价格中。

2.1.5 企业创新理论

"创新"一词由经济学家熊彼特在 1912 年出版的《经济发展理论》一书中首次提出，熊彼特认为创新就是在新的系统体系里加入各种新的组合要素，包括新的产品特质、新的理论方法、新的市场、新的资源、新的组织结构等，这些新的组合要素在新的排列组合下得以不断发展，在取代旧的发展模式和旧的组织结构过程中创造出新的发展活力，从而在新的环境下实现全新的平衡(吴晓波等，2007)。之后，学者们对创新理论进行了大量研究，主要分为两个方面，一方面是技术创新研究，包括产品创新、过程创新、扩散；另一方面是制度创新研究，涉及资产结构制度、市场机制制度等。作为技术创新的代表人物，Freeman 于 1982 年在其著作《工业创新经济学》中将技术创新定义为包括与新产品的销售或新工艺、新设备的第一次商业性应用有关的技术、设计、制造、管理以及商业活动。国家创新系统学派则认为技术创新的原动力是国家创新系统，相较于以往将技术创新的功劳几乎完全归于企业，国家创新系统学派则认为企业的贡献只是其中的一小部分，技术创新的整体发展和进步主要还是取决于国家发展(李永波和朱方明，2002)。制度创新的代表人物是 North 和 Davis，1968 年 North 发表文章《1600—1850 年海洋运输生产率变化的原因》，这对制度创新理论产生了重要影响；1971 年，North 和 Davis 合著了《制度变革与美国经济增长》，这是关于制度创新理论的重要论著。他们认为，制度创新的意义不仅局限在对现有制度的改革和创新，更是在现有政治经济制度发展基础上的重要开拓，制度创新是革命性的，在推翻之前制度的前提下，能够为现有制度带来新的发展，是对生产模式和生产习惯的重新塑造，因此制度创新具有一定的里程碑意义，不仅体现在其是对发展模式的革新，而且这一创新行为能够给创新者带来较大的收益。

随着创新理论的不断丰富与发展，双元创新的概念也逐渐得以分化产生。Benner 和 Tushman(2003)在 March 的研究基础上提出了利用式创新和探索式创新，首次从创新方式方面正式提出了双元创新概念。通过对创新理论的发展历程可以发现，从熊彼特的创新概念首次提出，到双元创新理论发展，学者们对于创新的认识也在不断深化发展，这在一定意义上也表明创新行为能够为创新主体带来收益。而双元创新战略的实施则能够为各个创新主体的创新发展带来更多收益。

2.2　国内外研究现状

2.2.1　信息披露质量与公司业绩

信息披露质量的提高是资本市场有效运行的关键，也是降低公司信息不对称的重要治理机制（Healy 和 Palepu，2001）。研究普遍认为，上市公司信息披露质量的高低，将直接关系到证券市场有效程度、投资者保护等重要问题。

国内外学者普遍认为信息披露质量能够提高公司业绩，如 Madhavan 和 Dallas（2002）的研究表明，在一个有效的市场中，信息披露质量越高，越能够降低公司股价的波动性，增强市场的流动性，减少投资者对股价预期的不确定性。Bloomfield 和 Wilks（2002）采用实验研究的方法发现，提高信息披露的水平可以增强股票市场的流动性，使投资者对股票的出价更高，并且当投资者面临不可预知的风险时，这一影响则更为强烈。王茜（2008）的研究认为，上市公司的信息披露质量呈上升的趋势，信息披露质量与公司业绩正相关，市场则认可信息披露质量高的公司。张纯和吕伟（2009）的研究发现，信息披露的主要作用就是降低公司内部的信息不对称程度，使得企业的经营决策置于大众的有效监督之下，并且使得管理层决策行为的效果能够得到及时跟踪和调查。这样企业管理层的决策将会更加稳健，特别是无效投融资行为将会大大降低，公司面临的经营风险也将大大降低。张兵等（2009）发现，信息透明度的提高能够显著地提升企业的经营业绩和市场价值，而这种提升效果的一个重要维度就是降低了企业的经营风险。权小锋和吴世农（2010）的研究表明，信息披露质量的提高对企业经营业绩具有正向作用，但是这种作用并不显著，但对降低公司业绩的横向离散度还是纵向波动性均具有明显的作用。彭丁和赖莎（2014）的研究结果证实，公司信息披露质量对债权人信贷决策的影响与公司业绩正相关。郭敏和傅明华（2016）从企业业绩波动角度出发，分析了风险投资、信息披露水平对企业业绩波动的影响，研究发现相较于信息披露质量好的情况，在信息披露质量不好的时候，风险投资机构更能影响企业业绩波动。李慧云等（2017）通过建立公司业绩波动性多元回归分析模型，实证检验公司自愿性信息披露水平对高管权力强度与公司业绩波动性关系的调节作用。研究结果显示，高管权力强度越大，公司业绩越高，公司业绩波动性也越大，高管权力的提高对新三板企业来讲"利弊参半"，自愿性信息披露水平的提高能够削弱高管权力强度对公司业绩波动性的影响。

2.2.2 信息披露质量与风险承担

早期关于风险承担影响因素的文献研究大多集中于银行等金融机构，如王宗润等（2015）通过研究发现，信息披露程度足够大时，发生危机而不一定得到国家全额资本金救助的银行倾向于选择稳健的风险承担策略；这一特殊制度下的银行倾向于承担较大的风险从而削弱信息披露对于银行风险承担的约束效应。因此，监管部门应努力提高银行强制信息披露的水平，以约束并降低银行更大风险承担行为发生的可能；同时，为了加强信息披露的市场约束作用，政府应逐步变革隐性存款保险制度为显性存款保险制度。黄敏等（2018）研究了资本监管和信息披露质量对银行风险承担行为的影响，研究结果表明严格的资本监管和高质量的信息披露可以抑制银行风险承担行为，而后者对资本充足性较低的银行影响更加显著。同时，在不同的资本监管压力下，信息披露质量对银行风险承担的约束作用存在非一致性，即对于资本未达标的银行，监管压力会强化信息披露质量与银行风险承担之间的反向变动关系；而对于资本超标的银行，监管压力会弱化这一关系。另外，严格资本监管和提升信息披露质量，对地方性商业银行的抑制效应更加显著。

而近些年学者们的研究逐渐转向非金融机构，主要从微观和宏观层面分析其对风险承担的影响。微观层面的研究主要关注管理者相关特征对风险承担的影响。Li 和 Tang（2010）、余明桂等（2013）通过对管理者过度自信与风险承担的关系进行研究后发现，管理者过度自信影响了企业的风险承担水平，过度自信的管理者导致较高的企业风险承担水平。张三保和张志学（2012）从管理者的权力角度研究企业风险承担，指出管理者在公司的决策权力越大，企业风险承担的能力越高。Faccio 等（2016）则关注了女性 CEO 对公司风险承担的影响，研究支持女性 CEO 所在公司的风险承担水平相对较低。此外，在管理者薪酬激励机制方面，张瑞君等发现中国上市公司管理者货币薪酬在一定程度上能够激励公司承担风险的水平。刘思彤等（2018）则从高管内部薪酬差距视角研究公司风险承担，发现高管内部薪酬差距能够抑制企业风险承担。在股权激励对风险承担的影响方面，基于股权激励和股票期权激励具有的显著效应，Wright 等（2007）发现授予管理层股票期权能够促进公司风险承担。Choy 等（2014）、苏坤（2015）等从股权激励角度研究风险承担行为，他们均发现股权激励有助于提升管理者的风险承担意愿，提升企业的风险承担水平。在股权结构的研究方面，刘志远等（2017）发现股权集中度与风险承担负相关，相对于单一股权结构的上市公司，股权相对分散的公司具有较高的风险承担水平。在董事会规模方面，Wang（2012）发现董事会规模越小，管理者风险承担的意愿越高，董事会规模与企业风险承担显著正相关，而独立董事、董事长与总经理兼任状况对企业风险承担并没有显著影响。从公司所有权性质角度，Boubakri 等（2013）发现产性质差异会造成国有和非国有企业风险承担水平存在差异，国有企业的风险承担水平显著低于民营企业和外资企业。

近年来，越来越多的学者开始关注宏观层面因素，如宏观经济环境和政策对风险承担的影响。Caggese（2012）的研究指出，对于民营企业而言，市场环境的不确定性显著地降低了企业的风险承担水平。Bonfiglioli（2012）的研究发现，投资者保护制度可以有效减弱管理者的风险规避，从而提高风险承担水平并创造价值增加的投资项目。Boubakri 等（2013）发现具有政治关联的企业通常具有较高的风险承担水平，而随着政府干预程度的提高，这一影响效益更加明显。毛其淋和许家云（2016）研究了政府补贴和风险承担水平的关系，发现适度的政府补贴提高了企业风险承担水平，而高额度的政府补贴则倾向于降低企业风险承担水平。而最近的研究中，刘志远等（2017）则从政策不确定性的角度研究公司风险承担，发现经济政策不确定性显著提升了企业的风险承担，且该影响仅存在于非国有企业，但在国有企业中并不显著。

尽管信息披露对公司投资和运营行为的影响在理论和经验上都得以论证，但其对公司风险承担行为的影响研究却相当缺乏。关于信息披露和风险承担关系的研究则主要集中于银行等金融机构。国外研究中，Wu 和 Bowe（2010）发现提高信息披露水平能够促使银行加强风险管理，降低银行风险承担。Wilson 等（2012）发现新西兰银行业的信息披露制度能够有效约束银行承担过大的风险。国内研究中，王宗润等（2015）发现当信息披露程度足够大时，发生危机而不一定得到国家全额资本金救助的银行倾向于选择稳健的风险承担策略。黄敏等（2018）也发现高质量的信息披露可以抑制银行风险承担行为。以上研究结果表明，金融企业信息披露能够有效抑制其风险承担水平。特别地，Susan 和 Xu（2018）利用管理者盈余预测作为信息披露质量的替代变量，以标准普尔 1500 指数上市公司为研究样本，发现信息披露能够诱使管理者放弃使公司获得收益的长期投资项目，从而造成不断提高的信息披露质量抑制了公司风险承担。关于信息披露质量对非金融企业风险承担的研究却很少涉及，邓伟和陈佳明（2021）基于 2008—2018 年 A 股上市企业的样本，采用 KV 度量法刻画信息披露质量，实证分析了信息披露质量对企业风险承担的影响。研究发现，信息披露质量与机构投资者的持股比例和企业风险承担能力呈正相关关系。进一步分析表明，在低股权激励强度、CEO 非创始人、民营企业和创新型企业中，上述信息披露质量对企业风险承担的促进作用更大。

2.2.3　信息披露质量与资本成本

信息披露能够有效缓解委托人和代理人之间的代理冲突，以及存在的信息风险，而资本成本是投资者预期获得的最低收益，可用于度量财务报告是否达到决策者使用相关信息的目的。国外学者大多以发达国家资本市场为背景，基于资本资产定价模型（CAPM）构建理论研究模型，并一致认为更多的信息披露能够降低风险溢价、吸引更多分析师关注、缓解信息不对称、提高股票流动性，进而降低资本成本（Debreceny 和 Rahman，2005；Lambert 等，2007；Christensen 等，2010；Cheynel，2013）。因此，信息披露被认为是缓解经营权和所有权分离产生的代理冲突和信息风险的一种有效的内部治理机制。而基于理论模型所进行的实证研究结论却存在差异，如 Richardson 和 Welker（2001）认为高质量的信息披露与资本成本负相关，但是当公司披露更多其他社会信息时，相反的结论也是成立的。如 Botosan 和 Plumlee（2002）发现，公司的资本成本与高质量的年报信息负相关，但是与高质量的季报信息和信息披露及时性正相关。此外，Christensen 等（2010）、Cheynel（2013）、Clinch 和 Verrecchia（2015）、Dutta 和 Nezlobin（2017）、Isabel-María 和 Ligia（2017）等通过构建信息披露与资本成本理论模型一致认为，信息披露质量越高，资本成本越低。如 Dutta 和 Nezlobin（2017）建立具有多代投资者交易的动态理论模型，结果表明公司成长性因素影响了信息披露质量与风险溢价或资本成本之间的关系。以我国资本市场为研究背景，国内学者分别从不同视角研究自愿性信息披露或社会责任信息披露与资本成本的关系。如孟晓俊等（2010）认为，信息不对称是增加企业资本成本的一个重要因素，企业社会责任信息披露有助于降低信息不对称，从而降低资本成本，但该作用的发挥受制于企业是否真实、适当地进行了社会责任信息披露；而基于较低的资本成本约束，企业社会责任信息披露动机、水平和质量也会受到影响，企业社会责任信息披露与资本成本之间存在互动关系。

沈洪涛等(2010)分析了企业环境信息披露与权益资本成本的关系,以及"绿色金融"政策对两者关系的影响,研究发现我国企业披露的环境信息能显著降低权益资本成本,再融资环保核查政策及其执行力度能显著影响环境信息披露与权益资本成本的关系。卢文彬等(2014)检验了媒体曝光度对权益资本成本的影响。研究发现媒体报道有助于降低公司权益资本成本。研究还进一步发现在市场化程度越低的地区,媒体报道对权益资本成本的影响力越强,在非国有企业中,机构投资者持股比例越高,媒体报道对权益资本成本的影响力越强。李慧云和刘镝(2016)研究了市场化进程对自愿性信息披露与权益资本成本关系的影响。研究发现,市场化进程对自愿性信息披露与权益资本成本的负相关关系起加强作用;更进一步地,在市场化进程较低的地区,受较强的政府干预的影响,国有上市公司比非国有上市公司自愿性信息披露与权益资本成本的相关关系更弱,相反,在市场化进程较高的地区,政府会减少对企业的干扰,非国有上市公司相比于国有上市公司对这种影响的弹性更大,表现在非国有上市公司比国有上市公司更能通过披露较多的自愿性信息来降低权益资本成本。

2.2.4 数字经济测度

目前,学术界对于数字经济的测度主要分为以下几种(徐清源等,2018):

1. 欧盟数字经济与社会指数(Digital Economy and Society Index, DESI)

这种方法是刻画欧盟各国数字经济发展程度的合成指数,该指数由欧盟根据各国宽带接入、人力资本、互联网应用、数字技术应用和数字化公共服务程度等5个主要方面的31项二级指标计算得出。其中,宽带接入包括固定宽带、移动宽带、速率和可支付能力等4个二级指标;人力资本包括基本能力和使用情况、高级技能及发展等 2 个二级指标；互联网应用包括内容、交流和交易等 3 个二级指标；数字经济应用包括企业数字化和电子商务等 2 个二级指标；公共服务数字化程度包括电子政务。

2. 美国商务部关于数字经济评测建议

2016 年，美国商务部数字经济咨询委员会（DEBA）的报告中提出，衡量数字经济的 4 部分框架：一是各经济领域的数字化程度，如企业、行业和家庭等；二是经济活动和产出中数字化的影响，如搜索成本、消费者剩余和供应链效率等；三是实际 GDP 和生产率等经济指标的复合影响；四是监测新出现的数字化领域。报告中首次估算出美国数字经济的规模。

3. 经济合作与发展组织（OECD）衡量数字经济指标建议

提出建立新的测量标准应重点关注的 6 大领域：一是提高对 ICT 投资及其与宏观经济表现之间关系的度量能力；二是定义和度量数字经济的技能需求；三是制定度量安全、隐私和消费者保护的相关指标；四是提高对 ICT 社会目标及数字经济对社会影响力的度量能力；五是通过建立综合性和高质量的数据基础设施来提高度量能力；六是构建一个可将互联网作为数据源使用的统计质量框架。具体而言，该指标体系包括 4 个一级指标和 38 个二级指标。其中，投资智能化基础设施包括宽带普及率、移动数据通信、互联网发展、开发更高速度、网络连接价格、ICT 设备及应用、跨境电子商务、网络安全、感知安全和隐私威胁、完善网络安全和隐私证据基础等 10 个二级指标；创新能力包括 ICT 与研发、ICT 行业创新、电子商务、发挥微观数据的潜力、ICT 专利、ICT 设计、ICT 商标和知识扩散等 8 个二级指标；赋权社会包括互联网用户、在线行为、用户复杂性、儿童在线、教育中的 ICT、工作场所中的 ICT、电子商务消费者、内容无边界、电子政府应用、ICT 和健康等 11 个二级指标；ICT 促进经济增长与增加就业岗位包括 ICT 投资、ICT 商业动态、ICT 附加值、信息产业劳动生产率、测度经济服务质量、电子商务、ICT 人力资本、ICT 工作及 ICT 行业工作岗位、贸易经济与 GVC 等 9 个二级指标。

4. 世界经济论坛(WEF)网络准备度指数(NRI)

世界经济论坛(WEF)从 2002 年开始发布网络准备度指数(NRI),重点分析全球信息化领先国家和地区的排名、主要经验和做法,NRI 在信息化领域的国际测评中具有相当的权威性。包括 4 个一级指标、10 个二级指标和 53 个三级指标,其中,一级指标包括环境、准备度、应用和影响,二级指标包括政治与治理环境、营商与创新环境、基础设施、可支付能力、能力、个人使用、商业使用、政府使用、经济影响、社会影响。

5. 联合国国际电信联盟(ITU)ICT 发展指数(IDI)

IDI 针对 ICT 接入、使用和技能设立了 11 项指标,包括 ICT 接入、ICT 使用和 ICT 技能等 3 个一级指标,固定电话覆盖率、移动电话覆盖率、用户平均国际互联网带宽、家庭电脑普及率、家庭互联网接入率、互联网用户率、固定宽带使用率、移动宽带使用率、入学年限中位数、初中入学率、高等教育入学率等 11 个二级指标。

6. 中国信息通信研究院数字经济指数(DEI)

2017 年 7 月,中国信息通信研究院发布的《中国数字经济发展白皮书(2017)》中采用了直接法,对中国数字经济的总量进行估算,并用对比法提出数字经济指数(DEI),观测全国数字经济发展状况。包括大数据投融资、云计算服务市场规模、物联网终端用户数、移动互联网接入流量、移动宽带用户数、固定宽带接入时长、固定宽带用户数等 7 个先行指标;ICT 主营业务收入、ICT 综合价格指数、互联网投融资、电子信息产业进出口总额、电子商务规模、互联网服务市场规模、"互联网+"协同制造、"互联网+"智慧能源、"互联网+"普惠金融、"互联网+"高效物流等 10 个一级指标;第一产业增加值、工业增加值、第三产业增加值、信息消费规模等 4 个滞后指标。

7. 赛迪顾问中国数字经济指数 (DEDI)

2017 年 11 月，赛迪顾问发布《2017 中国数字经济指数 (DEDI)》白皮书，报告在对数字经济的发展演变和特点进行分析的基础上，将数字经济划分为基础型、资源型、技术型、融合型和服务型，对全国 31 个省级行政区域进行测算。DEDI 兼顾了全国各省的测评和 5 个维度数字经济分指数的评估，并运用了互联网企业的用户数据，反映数字经济在服务领域的渗透情况，具有一定的创新性。包括 5 个一级指标和 34 个二级指标，其中，一级指标包括基础型数字经济、资源型数字经济、技术型数字经济、融合型数字经济、服务型数字经济；二级指标包括电子信息制造业规模、信息传输业规模、软件和信息技术服务业规模、互联网普及率、固定宽带签约、宽带用户平均下载速率、移动电话普及率、上市大数据企业数、数据交易中心数量、政府数据开放水平、移动互联网接入流量、移动宽带用户数、固定互联网宽带接入时长、固定宽带用户数、高技术产业 R&D 人员折合全时当量、高技术产业 R&D 经费内部支出、高技术产业专利情况、高技术产业技术获取与技术改造支出、农业互联网平台数、有电子商务交易活动企业占比、两化融合国家级示范企业数、数字化研发设计工具普及率、关键工序数控化率、智能制造就绪率、即时通信——微信用户分布、旅游——携程用户分布、生活服务——新美大用户分布、网上购物——网络零售额、互联网金融——支付宝用户分布、娱乐——爱奇艺用户分布、教育——中小学互联网接入率、互联网医疗——平安好医生用户分布、出行——滴滴出行用户分布、政务——我国分省 (自治区、直辖市)。

2.2.5　数字经济与企业创新

关于数字经济对创新的影响，国内学者进行了大量的相关研究。比如，金环和于立宏 (2021) 分析了 2015—2018 年中国 283 个地区数字经济发展对城市创新及创新差距的影响，研究结果显示，数字经济发展能够显著促进城市创新水平的提升。胡山和余泳泽(2021)研究了数字经济与企业创新之间的因果关系及影响机制,研究结果表明,数字经济可以显著促进企业突破性创新,对企业渐进性创新的影响并不显著;数字经济对非国有企业、大型企业和高管持股比例较高企业突破性创新的促进作用更大。党琳等(2021)分析了数字经济对制造业企业合作创新绩效的提升效应,数字经济主要通过改善创新环境这一渠道影响制造业企业的合作创新绩效,外来投资与 VC/PE 活跃度是这一影响机制的具体表现形式。吴赢和张翼(2021)从融资和知识产权保护的角度,研究了数字经济对区域创新的影响,研究发现数字经济显著地促进了区域创新。侯世英和宋良荣(2021)分析了数字经济和市场整合对企业创新绩效的影响机制及路径,研究结果表明,数字经济和市场整合都有利于促进企业创新绩效的提升,并且数字经济对市场整合的创新激励效应有正向的调节作用,在一系列稳健性检验后这一结论仍然成立。进一步机制分析结果表明,市场整合主要通过促进创新要素流动来影响企业创新绩效,对技术多元化的影响不显著,而数字经济则主要通过技术多元化渠道来影响企业创新绩效。赵滨元(2021)研究发现,数字经济发展不仅能够带动本地创新绩效提升,而且对周边城市创新绩效也具有显著正向影响,与中、西部地区相比,东部地区数字经济对创新绩效的促进作用更强,空间溢出效应也更显著。邱洋冬(2022)从知识来源视角探讨了数字化变革对企业创新的影响机制,研究发现数字化变革显著并稳健地提升了企业创新绩效,在工具变量和准自然实验等稳健性检验后,结果仍然成立。知识来源在数字化变革影响企业创新的过程中发挥了部分中介效应,数字化变革能够通过拓展知识来源的 IPC 广度与地理范围、促进跨国知识转移与研发合作、提升科学关联度等方式,最终影响企业创新绩效。韩松和王洺硕(2022)对数字经济影响文化产业高质量发展水平及其空间效应进行全面的计量分析,研究结果表明:数字经济和研发创新促进文化产业高质量发展的协同效应显著存在;数字经济会显著提升文化产业高质量发展水平,且这种正向影响具有显著的空间溢出特征。安同良和闻锐(2022)剖析了企业数字化转型影响创新的具体机制,研究发现,数字化转型通过实现开放式网络化创新、引导组织管理创新以及提高企业人力资本水平等机制促进企业创新，全面的数字化转型比仅仅应用数字技术能更有效地促进创新；基准回归与稳健性检验发现数字化转型对创新的正向影响显著，且数字化转型程度与创新之间不存在"倒 U 形"关系；促进创新的效应对大企业与国有企业更强，并且随着时间的推移而增强。徐向龙和侯经川（2022）分析了数字经济对区域创新绩效的影响，研究结果表明，数字经济发展显著促进区域创新绩效提升；数字经济发展对区域创新绩效、发明创新绩效均有边际效应递增的非线性影响；数字经济发展对邻近地区的创新绩效和非发明创新绩效有显著负向影响，但对发明创新绩效影响不显著。俞伯阳（2022）考察了数字经济对区域创新能力的影响及其作用机制，研究发现数字经济发展能够显著提升我国的区域创新能力。申明浩等（2022）分析了数字经济发展对企业内部创新与合作创新的影响及其内在作用机制。研究结果表明，第一，数字经济发展能显著提升企业内部创新和合作创新的绩效，且对企业内部创新的促进作用更加显著。第二，从影响机制上看，数字经济发展可通过高端人才集聚效应和降低环境不确定性两个途径，化解企业创新人才资源不足的困境，提升企业创新绩效。

2.2.6　企业创新持续性影响因素

创新是企业获得竞争优势的来源，且已成为企业经营业绩的重要影响因素（Mone 等，1998）。创新持续性问题研究源于 20 世纪 90 年代，Malerba 和 Geroski 等学者的研究指出，创新持续性是影响企业内生性增长模型的重要因素。因此，如何保持创新持续性是企业得以长期发展的关键，然而，现实问题在于，很多企业的创新活动难以保持持续性。鉴于创新持续性行为对企业长期发展的重要性和必要性，国内外学者对其展开了大量研究并取得了较为丰硕的成果，且已有研究主要集中于内部和外部影响因素两个方面。

在企业创新持续性的内部影响因素方面。Brown 等（2009）发现了资金可用性对企业研发的重要作用，股权融资能够确保企业获得更多资金支持，从而促进企业创新投入并保持持续性。Triguero 等(2014)发现无论是企业的创新投入还是创新产出都存在很强的持续性，市场活力、企业规模以及外部资源对企业创新投入和产出持续性均产生正向影响。段云龙(2010)发现制度结构影响了企业持续创新能力，企业家管理制度、创新管理制度以及制度环境都是提高企业持续创新能力的重要保障。李健和李慧慧等(2015)从管理层薪酬视角研究企业创新可持续性，他们通过实证检验表明，管理层薪酬能够显著地正向影响企业创新可持续性，而随着管理层薪酬水平的不断提高，这一影响关系则表现得更为显著。李健等(2016)则以股权集中度作为研究出发点，分析了其对企业创新可持续性产生的影响，他们的研究结论表明，企业股权集中程度越高，企业创新持续投资越低，同时与非民营企业相比，民营企业中股权集中度与企业创新可持续性之间的负向影响关系更强。乐怡婷等(2017)则以管理层持股作为研究视角，探索了企业管理层持股对创新可持续性的影响，发现管理层持股对企业创新可持续性具有显著的正向影响，而相对于非民营企业，民营企业管理层持股对创新可持续性的正向作用更强。周路路等(2017)研究了管理层过度自信与企业创新可持续性之间的关系，研究结果显示，管理层的过度自信程度会在不同水平上对企业创新持续性投资行为产生不同影响结果，适度的过度自信显著促进了企业持续创新水平的提升，而严重的过度自信会阻碍企业创新活动的持续开展。从经营期望落差视角，李健和曹文文等(2018)分析了企业创新可持续性的影响因素，结果显示，经营期望落差对创新可持续性存在显著的正向影响，在民营企业中，经营期望落差对创新可持续性的促进作用更显著。

而在企业创新持续性水平的外部影响因素方面，已有研究则侧重于分析企业规模属性、行业特征和市场特征等因素的影响。如 Cefis(2003)认为企业在市场中拥有的市场份额越高，企业持续性创新的可能性就越大；Allen 等(2005)认为相对于正规金融融资，非正规金融融资在非上市企业的长期发展中起着决定性作用；Raymond(2010)则将行业区分为成熟行业和新兴行业，并认为相较于新兴行业，成熟行业具有较高的创新持续性；Triguero(2013)则从市场集中度的角度研究企业持续性创新行为，分析指出，当市场集中度水平不断提高时，其对企业创新持续性水平的负向影响得以显著提升；Brown 等(2011)通过对企业储蓄在企业创新中的作用进行分析，他们发现企业储蓄能够对创新产生有效的平滑作用；Triguero 等(2014)则指出，不管是在企业创新投入还是产出持续性方面，外部资源均能够对它们产生显著的正向影响；Mukherjee 等(2017)则从企业税收的角度分析了其对企业创新的影响，并发现税收的增加能够显著降低企业未来的创新。

基于我国特殊的制度环境，近年来也有学者从不同视角研究了企业创新持续性。何郁冰等(2017)分析了技术多元化影响企业持续创新的作用机理并进行了实证检验，理论分析结果表明，技术多元化在总体上有助于企业持续创新，而在具体分类中，相关技术多元化、开发式技术多元化和探索式技术多元化会对企业创新持续性产生不同的影响，其中前两个因素会产生显著的正向作用，而后者却显著抑制了投入维度的企业持续创新行为；实证检验结果表明，政治基因的两个维度即国有持股比与政治关联对创新可持续性均存在正向影响。马红等(2018)则研究了短贷长投对我国企业创新活动的影响，他们发现短贷长投对企业创新能力产生了显著的抑制效应，短贷长投不仅会阻碍人力资本投入，还会影响投入，并因此影响企业创新能力的积累。王晓君和付文林(2019)则从政府补贴的角度研究了企业创新持续性的影响因素，他们发现政府补贴投入能够显著提升企业的持续创新活力。

2.3　文　献　综　述

目前，已有文献侧重于研究信息披露质量对公司业绩波动性的影响，忽略了当高管面临不断增加的职业关注和声誉风险时应计盈余管理项目对公司业绩所产生的影响，也没有考虑到独立董事治理对信息披露质量和公司业绩关系的调节作用。

通过上述研究可以看出，现有文献主要从管理者个人特征、公司特征等微观层面和经济环境、政策等宏观层面研究其对公司风险承担的影响，仅有少数文献研究信息披露对金融机构风险承担行为的影响，而对非金融类上市公司信息披露对风险承担的影响研究较为缺乏。然而，中国当前的信息披露制度环境为研究公司风险承担行为提供了良好的条件。由于国外资本市场的监管机制相对比较完善，而我国正处于经济结构和发展转变的关键时期，信息披露制度和环境相对不够健全，信息披露的有效性和内容仍需完善的制度进行约束。鉴于中国当前的信息披露环境，有必要探究信息披露质量的提高对公司风险承担的影响。

国外学者大多基于构建的理论分析模型研究信息披露和资本成本之间的关系，而国内学者侧重于研究自愿性信息披露对资本成本的影响，或者公司成长性对真实盈余管理和资本成本之间的影响关系，而从公司成长性差异角度探讨信息披露与资本成本之间影响关系的研究相对缺乏。而事实上，我国的资本市场环境、法律制度和信息披露制度等均与国外发达资本市场存在显著差异，国外研究结论是否适用于我国资本市场仍待验证。

数字经济发展和企业信息披露质量均能够对我国经济增长起着重要的积极意义。那么，基于数字经济发展和企业信息披露质量在我国经济增长中的积极作用，数字经济发展水平将会如何影响企业信息披露质量呢？以上研究为企业信息披露质量影响因素的分析提供了广泛证据，但对数字经济如何影响企业信息披露质量，现有文献较少涉及。

尽管以上研究为企业创新持续性影响因素分析提供了一定的经验依据，但对于数字经济如何影响企业创新持续性以及这一影响路径如何实现，现有文献却较少涉及。因此，探究数字经济与企业创新持续性的影响关系具有重要意义。

2.4　本 章 小 结

  基于本书的研究框架和内容，本章主要对研究过程中的相关理论进行阐释，包括委托代理理论、信息不对称理论、利益相关者理论、有效市场假说理论和企业创新理论，从而为下文的研究奠定理论基础。同时，对于国内外学者关于信息披露质量与公司业绩、信息披露质量与风险承担、信息披露质量与资本成本、数字经济测度、数字经济与创新，以及企业创新持续性的影响因素等文献研究进行综述，从而为本书的研究提供新的研究视角。

第3章 信息披露质量对公司业绩的影响研究

信息披露是资本市场有效运行的关键，其在公司治理中起着重要作用。上市公司信息披露包括强制性信息披露和自愿性信息披露，其中，强制性信息披露主要通过强制性年报，包括资产负债表、注释、管理层分析与讨论以及其他强制性文件等进行披露，而自愿性信息披露则是根据企业自身的意愿和需求而进行的披露。我国《上市公司信息披露管理办法》和《公开发行证券的公司信息披露内容与格式准则第2号——年度报告的内容与格式》对上市公司信息披露行为及年度报告的编制进行规范，旨在保护投资者的合法权益。这不仅从制度和规范上加大对上市公司信息披露的要求，而且为整个资本市场的健康发展奠定基础。信息披露对资本市场的有效运行和投资者利益保护起着关键作用，高质量的信息披露有利于公司管理者和资本市场的信息交流，有效降低信息不对称和短期市场压力产生的错误定价和管理者短视行为。

已有研究表明，信息披露质量有助于提高公司业绩，信息披露质量与公司业绩存在正线性相关关系，如张宗新和杨飞等(2007)、张兵和范致镇等(2009)认为信息披露质量较高的公司，其市场表现和财务绩效也都较佳。但是，李翔和张光芝却认为上市公司信息披露质量对其财务绩效的影响是非线性的，具体表现为正U形关系，上市公司信息披露质量的变动对其财务绩效的影响是非对称的。而根据成本-效益原则，高管在进行信息披露时，会考虑到该信息披露行为带来的成本和效益，而职业关注和声誉风险成本将会影响高管信息披露决策。

我们发现，现有文献在研究信息披露与公司业绩之间关系时，常常忽略了当 CEO 面临不断增加的职业关注和声誉风险时应计盈余管理项目（如折旧、摊销和其他应计项目等）对公司业绩所产生的影响。由于上市公司 CEO 和外部股东对信息披露数量的增加存在相反的偏好，而这也会使面临职业关注风险的 CEO 获得更多的薪酬。而盈余管理作为一种暂时提高或降低公司业绩收入的机制，既可以增加 CEO 的薪酬，反过来也会影响公司业绩（Bazrafshan 和 Kandelousi，2016）。

在公司治理和行为金融学框架内，信息披露政策被看作提高信息披露数量以达到信息透明度呈现阶梯式跳跃变化的关键因素，上市公司要提高信息披露数量以满足政策要求，那么，如果不断提高的信息披露是有益的，为什么管理者不愿意在法规要求出台之前披露更多的公司信息呢？信息披露的增加是否会给公司业绩带来一定的负面效应呢？

长期以来，学术界普遍认为独立董事制度可以有效缓解股东和经理人之间产生的利益冲突，独立董事的作用主要体现在监督和咨询方面，他们一般不参与公司的日常经营事务，并不直接对公司业绩负责。独立董事制度的引入主要是为了保护投资者的利益，并改善公司业绩，但已有研究并未得出一致的结论。如 Peng（2004）、王跃堂和赵子夜等（2006）发现独立董事在董事会中所占比例与公司业绩显著正相关，而 Adam 和 Ferreira（2007）、李常青和赖建清等（2004）却认为独立董事比例与公司业绩不存在正相关关系。独立董事制度的现实效力也受到不断质疑，认为这一制度难以对公司业绩产生稳定、积极的正向影响，加上我国"一股独大"的股权结构，造成控股股东利用其对股东大会裁决权的垄断地位直接选择自己心仪的独立董事。独立董事的监督机制可能会影响管理层信息披露政策的选择并影响公司的股价，进而影响公司业绩。事实上，Peng 和 Roell（2008）指出，上市公司实施股权激励机制也会对盈余管理产生影响，表现在股权激励可能会造成管理层通过盈余管理行为影响上市公司的经营业绩，那么，如果考虑到盈余管理对公司业绩的调节作用，信息披露对上市公司真实公司业绩的影响可能会出现比较显著的变化。

3.1 信息披露质量对公司业绩的影响机理分析

3.1.1 信息披露质量对真实公司业绩的影响

信息披露是资本市场有效运行的关键，信息不对称和激励不足阻碍了资本市场经济资源的有效分配，而管理者和投资者之间彼此信任的信息披露体系可以有效缓解这些问题。公开透明的信息环境可以吸引更多的投资者，因为它提高了上市公司和投资者决策的一致性，并创造一种信任环境增加公司的市场价值。较高的信息披露质量可以有效提高上市公司管理者和决策者的决策有效度和信度，降低恶化公司价值和业绩的行为动机，同时还可以降低知情投资者和非知情投资者之间的信息不对称程度，提高资本市场的定价合理性。

一般来说，信息具有定性的特征，信息披露程度可以有效地度量信息披露质量，通过缓解信息不对称和代理问题，信息可以给股东带来收益。信息披露不仅可以降低投资者之间的信息不对称，提高市场流动性，还可以降低交易成本，降低上市公司的资本成本。张宗新和杨飞等（2007）发现，信息披露质量较高的公司，其市场表现和财务绩效也都较佳。张纯和吕伟（2009）研究认为，信息披露水平的提高将会提高公司的市场透明度，并减轻供需双方的信息不对称程度。同时，权小锋和吴世农（2010）认为上市公司信息披露质量的不断提高，将有助于降低公司业绩横向离散度和纵向波动性，对由于 CEO 权力过大所引起的公司业绩风险起到了显著的抑制作用。Hermalin 和 Weisbach（2012）却认为，基于法规要求的信息披露模式将会成为政策制定者预防财务危机发生的一种手段。高强度信息披露产生的直接成本会抵消信息披露带来的收益，尽管这些因素有可能解释公司所有者抵制信息披露的原因，但是 CEO 做出决策时面临的多重风险成本也会影响公司业绩。相对于没有有利信息的 CEO 来说，有公司信息的 CEO 更有动机披露信息来获得较好的职业声誉，而声誉关注潜在影响了 CEO 降低公司价值使业绩报告充分的动机。因此，CEO 声誉关注可能会产生额外的信息不对称成本和代理成本，这将会破坏已经建立的信任环境。尽管信息披露降低了公司的信息风险，但是一旦公司的信息披露达到了一个较高水平时，这一作用将会降低，对资本成本和公司业绩产生较大的影响。

已有文献研究中，较少学者研究信息披露对经过应计盈余管理调整后的真实公司业绩的影响。而事实上，管理者能够通过应计盈余管理项目，如应收账款、折旧和摊销等，影响上市公司的息税前利润，因此，为了更好地考察未受操纵的公司业绩，我们需要将其中的应计盈余管理项目剔除，从而更好地反映出公司的真实业绩。而相似的文献侧重于研究公司治理或者管理者薪酬对真实公司业绩的影响关系。如 Cornett 和 Marcus 等（2006）对公司治理、盈余管理和真实公司业绩的关系进行了研究，结果表明，公司治理机制有效限制了管理者的自由裁量权，而且当应计盈余管理从公司业绩中剔除之后，公司治理变量对真实公司业绩的影响更加显著。Cornett 和 Marcus（2008）的研究发现，盈余管理的调节作用显著提高了治理因素的相关性，但降低了激励薪酬对公司业绩的重要性。Zhu 和 Tian（2009）也认为当使用应计盈余管理对公司业绩调整时，CEO 薪酬对公司业绩的相关性显著降低。

如果公司 CEO 不披露任何信息，那么投资者将会降低公司价值的预期，因此，高管有动机披露更多公司信息以获得较好的职业声誉，同时，信息披露也可以提高股东和董事会对高管的监督能力，但也有可能造成高管的离职。那么，为了获得稳定的职业关注和声誉，CEO 必须努力工作以提高公司股价。因此，信息披露程度的提高，将会不断提高公司的股价，从而带来公司业绩的不断提升。不可忽视，信息披露程度越高，公司由此将产生额外的风险和成本，且业绩较差的公司更容易出现盈余管理，信息披露程度的提高可能会恶化或者产生新的代理问题，也有可能会导致公司业绩出现一定程度的下降。虽然信息披露可以有效降低资本成本，但是由于信息披露成本的存在，上市公司总是理性地进行信息披露。因此，即便我们忽略信息披露带来的直接成本和风险，而这些因素也会促使公司做出最优化而非最大化的信息披露数量决策，而且在信息披露数量达到一定程度时，信息披露的增加反而可能会造成真实公司业绩的下降。基于以上理论分析，我们预期，在考虑到应计盈余管理对公司业绩的调节作用后，存在一个最优信息披露点，使信息披露程度与真实公司业绩之间呈现非线性相关性，我们由此提出假设：

假设 3-1：在使用应计盈余管理调整公司业绩后，信息披露程度与真实公司业绩呈非线性相关关系。

假设 3-2：存在一个最优信息披露点，使其左右两侧信息披露程度与真实公司业绩呈相反的方向变化。

3.1.2 独立董事对信息披露质量与真实公司业绩的影响

独立董事在协调管理者和股东利益方面起着重要作用，他们大多具有丰富的经验和特长，为了保有较好的声誉，他们通常会监督管理者的行为从而最大化公司的价值。一般认为，如果独立董事比例正向影响公司业绩，那么它将负向影响盈余管理；如果独立董事比例负向影响公司业绩，那么它也会负向影响盈余管理。外部董事在监督 CEO 的行为中起着重要作用，外部董事比例越高，其对管理者的监督作用越好，越有利于实现公司价值最大化目标。

董事会可以确保 CEO 的行为与股东的利益保持一致，已有研究将董事会的角色分为两种：监督和咨询。Adams 和 Ferreira(2007)认为，当独立董事对公司高管实施有效监督时，他们需要获得高管工作状况和业绩的有关信息，而当独立董事发挥其咨询职能时，他们也需要了解高管的经营情况和公司的运营状况，因此，信息披露对于独立董事监督或者咨询功能的发挥有着重要影响。大量文献研究外部董事和内部董事的作用，认为较高比例的外部董事较少参与应计盈余管理，可以有效地监督和控制管理者的行为。由于外部董事更可能独立于公司管理者，并且能够带来更多的经验，已有研究将外部董事比例和公司业绩与股东财富联系在一起，这些研究一致认为当外部董事所占比例较高时，会带来更好的股票收益和公司业绩，而且如果外部董事不断提高其监督能力，那么可能会降低应计盈余管理的应用。已有的研究表明，随着独立董事比例的不断提高，董事会的角色逐渐从"咨询"转向"监督"，因此，独立董事比例较高的公司可以有效地限制CEO的权力，并增加CEO的职业关注。

事实上，独立董事比例越高，信息披露质量就越好，信息披露有助于外部董事利用公司业绩和CEO个人业绩来监督CEO的个人行为。因此，CEO对信息披露的控制可能会限制外部董事的监督有效性。如前所述，信息披露可以有效监督CEO行为并降低代理问题，那么独立董事是起到监督作用还是与公司高管达成"权利平衡"？如果独立董事能够发挥监督作用，那么这将会提高信息披露的有效性，进而增强信息披露对公司业绩的影响。在独立董事有效监督下，上市公司CEO通常会及时发布信息，而且监督机制越有效，所发布的信息数量和质量越能有效满足投资者的信息需求。如果独立董事与公司高管达成"权利平衡"，这不仅会破坏与其他董事会成员共享战略信息的信任环境，而且还会减弱信息披露对公司业绩的影响。比如CEO通过信息披露的方式根植于董事会，因为董事会需要更多的信息来做出是否更换现有CEO的决策，因此，CEO对信息披露的控制自然会限制董事会的监督能力。同时，独立董事的存在会在很大程度上限制公司高管的信息披露行为，独立董事比例越高的公司，他们对高管的监督行为越有效，因此，高管基于职业风险所带来的成本效益原则，会选择及时有效地披露公司相关信息。综上所述，我们预期，在剔除应计盈余管理对公司业绩的影响后，独立董事会显著影响信息披露程度与真实公司业绩之间的相关性，降低最优信息披露点。由此提出假设：

假设3-3：在使用应计盈余管理调整公司业绩后，独立董事会显著影响信息披露程度与真实公司业绩之间的相关性。

假设3-4：在使用应计盈余管理调整公司业绩后，独立董事比例的提高会显著降低最优信息披露点。

根据上述分析，得出本书的理论分析框架图，如图 3.1 所示。

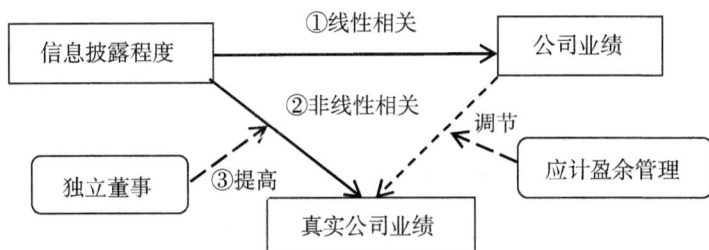

图 3.1 理论分析框架图

3.2 研 究 设 计

3.2.1 样本选取与数据来源

我国证监会于 2016 年 12 月 9 日对《公开发行证券的公司信息披露内容与格式准则第 2 号——年度报告的内容与格式》进行了修订，考虑到这一修订方案可能会对信息披露研究产生影响，因此本书选取 2011—2020 年沪深证券交易所所有 A 股上市公司为研究对象，同时根据以下标准对样本进行整理：(1)由于金融类上市公司特有的财务特性和会计制度，我们从样本总体中剔除金融类上市公司；(2)剔除选取年度区间内 IPO、复牌以及退市的上市公司，减少信息披露与公司业绩受到刚上市和退市的影响；(3)剔除数据缺失和异常的上市公司；(4)剔除 ST 和 ST * 类公司；(5)剔除上市时间不足 6 年的公司；(6)为消除极端值的影响，对所有变量进行上下 1% 的 Winsorize 处理。最后，整理得到 2011—2020 年 1147 家上市公司总计 9682 个观测样本。信息披露数据主要根据样本公司对外公布的年度报告进行手工整理，其他解释变量和控制变量数据来自国泰安(CSMAR)和WIND 资讯数据库。

3.2.2　变量选取与定义

1. 盈余管理

本书使用修正的 Jones 模型计算可操纵性应计利润(DA)，并使用年度行业上市公司的数据对总应计利润进行回归分析，其计算过程如下：

为了计算可操纵性应计利润，我们首先计算出非操纵性应计利润，然后再用总应计利润额减去非操纵性应计利润即可得到可操纵性应计利润额。根据修正的 Jones 模型可知，非可操控性应计利润是主营业务收入变动额、应收账款变动额和固定资产的函数，因此非操纵性应计利润的计算如式(3-1)所示：

$$\mathrm{NDA}_{i,\,t} = \frac{\mathrm{TA}_{i,\,t}}{\mathrm{Assets}_{i,\,t-1}}$$

$$= \alpha\,\frac{1}{\mathrm{Assets}_{i,\,t-1}} + \beta_1\,\frac{\Delta\mathrm{Sales}_{i,\,t} - \Delta\mathrm{AR}_{i,\,t}}{\mathrm{Assets}_{i,\,t-1}} + \beta_2\,\frac{\mathrm{PPE}_{i,\,t}}{\mathrm{Assets}_{i,\,t-1}} + C_{i,\,t}$$

$$(3\text{-}1)$$

其中，$\mathrm{NDA}_{i,t}$ 是 i 公司经过第 $t-1$ 期末总资产调整后的第 t 期的非可操控性应计利润；$\mathrm{TA}_{i,t}$ 是 i 公司第 t 年的总应计利润额，其等于 i 公司第 t 年的净利润减去当年的经营活动现金流量；$\mathrm{Assets}_{i,t-1}$ 表示 i 公司第 $t-1$ 年末的总资产；$\Delta\mathrm{Slaes}_{i,t}$ 为 i 公司第 t 年年末的主营业务收入总额与第 $t-1$ 年年末的主营业务收入总额之间的差额；$\Delta\mathrm{AR}_{i,t}$ 为 i 公司第 t 年年末的应收账款与第 $t-1$ 年年末的应收账款之间的差额；$\mathrm{PPE}_{i,t}$ 为 i 公司第 t 年年末的固定资产价值；$C_{i,t}$ 为残差调整项。通过分年度分行业回归，得到相关回归系数 α、β_1 和 β_2。再将相关系数代入公式(3-1)中即可得到非操纵性应计利润，然后用总应计利润额减去非可操控性应计利润额，就可得到代表盈余管理程度的可操纵性应计利润(DA)，即：

$$\mathrm{DA}_{i,\,t} = \mathrm{TA}_{i,\,t} - \mathrm{NDA}_{i,\,t} \qquad (3\text{-}2)$$

2. 信息披露质量

Patelli 和 Prencipe(2007)认为 Botosan 的信息披露指数构建法是测度信息披露程度的一种有效方法,因为这种方法包含了自愿性信息披露和强制性信息披露。因此,本书借鉴 Botosan(1997)、张学勇和廖理(2010)的研究,构建信息披露指数来度量信息披露质量(DISC),同时结合《公开发行证券的公司信息披露内容与格式准则第 2 号——年度报告的内容与格式》的要求,并根据各个上市公司的具体信息披露情况,构建上市公司信息披露指数。

信息披露指数构建过程如下:首先,借鉴 Botosan 等的方法,将上市公司披露的信息分为五种类型:公司背景介绍;最近五年的公司财务数据;关键非财务数据;预测信息;管理层分析与讨论。其次,结合我国上市公司年报信息披露要求,剔除了一些基本的信息披露语言表述外,共有 128 项信息披露内容,其中有 14 项强制性信息披露项目,114 项自愿性信息披露项目。然后,我们根据各个上市公司年报对相关项目进行打分。我们设置以下打分标准:如果公司不披露该项目任何信息,赋值 0 分;披露相关信息,赋值 1 分。最后,我们将每个公司计算出来的信息披露分值总和除以所有信息披露项目分值最大值,即可得到信息披露指数。

3. 公司业绩

国内学者大多采用托宾 Q 值来度量公司业绩,但这一指标侧重于度量公司市场价值,而且多用于衡量当公司治理结构改善时其所带来的公司价值的提高,加上我国特殊的二元股权结构,因此,采用托宾 Q 值度量我国上市公司业绩并不理想。本书参照 Cornett(2008)、林大庞和苏冬蔚等(2011)的研究,采用经过应计盈余管理调整后的总资产收益率(ADROA)和净资产收益率(ADROE)来衡量上市真实公司业绩。

ADROA 为经过应计盈余管理调整后的总资产报酬率,用于衡量不含有盈余管理成分的真实公司业绩，$\text{ADROA} = \dfrac{\text{利润总额+财务费用}}{\text{平均资产总额}} - \text{DA}$。

ADROE 为经过应计盈余管理调整后的净资产收益率，用于衡量不含有盈余管理成分的真实公司业绩，$\text{ADROA} = \dfrac{\text{净利润总额}}{\text{平均股东权益总额}} - \text{DA}$。

4. 控制变量

为了考察信息披露程度对真实公司业绩的影响，我们同时控制其他可能会影响公司业绩的变量。公司规模（SIZE），用年末总资产的自然对数来衡量；公司年龄（AGE），Black 和 Kim（2012）认为上市公司年龄与公司业绩存在显著相关性，等于上市公司自上市之日起到本年度末所经历的时间；Black 和 Kim（2012）认为上市公司资产负债率（LEV）与公司业绩也存在显著相关性；产权性质（STATE），本书利用控股股东类型度量上市公司产权性质，如果上市公司为国有控股，则 STATE = 1，否则等于 0。此外，本书还控制年份（YEAR）和行业（INDUSTRY）虚拟变量对公司业绩的影响。模型中的变量具体定义如表3-1所示。

表 3-1   变 量 定 义

变量符号	变量名称	变 量 释 义
ROA	调整前的 ROA	（利润总额+财务费用）/平均资产总额
ROE	调整前的 ROE	净利润/平均资产总额
ADROA	调整后的 ROA	（利润总额+财务费用）/平均资产总额-DA
ADROE	调整后的 ROE	净利润总额/平均资产总额-DA
DISC	信息披露质量	公司披露信息分值总和/公司所有信息披露项目最大值之和
INDR	独立董事比例	公司独立董事人数/所有董事人数
SIZE	公司规模	年末总资产的自然对数
AGE	公司年龄	公司自上市之日起到该年年末的时间

续表

变量符号	变量名称	变量释义
LEV	资产负债率	负债总额/资产总额
STATE	产权性质	若上市公司为国有控股，则取值1，否则为0
YEAR	年份效应	年度虚拟变量
INDUSTRY	行业效应	行业虚拟变量

3.2.3 模型设计

参考 Bazrafshan 等(2016)的方法，构建如下基本模型用于检验信息披露质量对经过应计盈余管理调整之后的公司业绩的影响，计算过程如公式(3-4)所示。

$$\text{TFP}_{i,t} = \alpha_0 + \alpha_1 \text{DISC}_{i,t} + \alpha_2 \text{Size}_{i,t} + \alpha_3 \text{Ages}_{i,t} + \alpha_4 \text{Lev}_{i,t} + \alpha_5 \text{State}_{i,t} + \varepsilon_t$$

$$(3\text{-}4)$$

其中，TFP 用经过应计盈余管理调整后的 ADROA 和 ADROE 来衡量，公式中其他变量解释如表 3-1 所示。

为了检验信息披露质量对公司业绩影响中是否存在一个最优信息披露点，我们在公式(3-4)的基础上加入 DISC^2 项，基于分析我们得到公式(3-5)：

$$\text{TFP}_{i,t} = \alpha_0 + \alpha_1 \text{DISC}_{i,t} + \alpha_2 \text{DISC}^2_{i,t} + \alpha_3 \text{Size}_{i,t} + \alpha_4 \text{Ages}_{i,t} + \alpha_5 \text{Lev}_{i,t} + \alpha_6 \text{State}_{i,t} + \varepsilon_t$$

$$(3\text{-}5)$$

在公式(3-5)中，公司业绩是信息披露质量的二元回归结果，最优信息披露点可以通过信息披露质量系数 α_1 和 α_2 来进行分析。

我们求出公式(3-5)中 TFP 关于 DISC 的一阶导数，令

$$\frac{\partial \text{TFP}}{\partial \text{DISC}} = 0$$

可以得到 $\alpha_1 + 2\alpha_2 \times \text{DISC} = 0$，因此，信息披露最优点

$$DISC^* = -\frac{\alpha_1}{2\alpha_2} \qquad\qquad (3\text{-}6)$$

由于信息披露变量不可能取负值，因此，最优信息披露点必须大于等于 0，这将会导致 α_1 和 α_2 的符号相反。

为了检验独立董事是否影响信息披露质量和公司真实业绩之间的关系，我们加入独立董事比例 INDR、独立董事比例与信息披露质量的交叉项 INDR×DISC 和 INDR×DISC^2，得到公式(3-7)：

$$TFP_{i,t} = \alpha_0 + \alpha_1 DISC_{i,t} + \alpha_2 DISC_{i,t}^2 + \alpha_3 INDR_{i,t}$$
$$+ \alpha_4 INDR_{i,t} \times DISC_{i,t} + \alpha_5 INDR_{i,t} \times DISC_{i,t}^2 + \alpha_6 Size_{i,t}$$
$$+ \alpha_7 Ages_{i,t} + \alpha_8 Lev_{i,t} + \alpha_9 State_{i,t} + \varepsilon_t \qquad (3\text{-}7)$$

同样，我们求出公式(3-7)中 TFP 关于 DISC 的一阶导数，可以得到

$$\alpha_1 + 2\alpha_2 DISC + \alpha_4 INDR + \alpha_5 INDR \times DISC = 0$$

因此，可以得到信息披露最优点的计算公式：

$$DISC^* = \frac{-(\alpha_1 + \alpha_4 \times INDR)}{2 \times (\alpha_2 + \alpha_5 \times INDR)} \qquad (3\text{-}8)$$

我国《关于在上市公司建立独立董事制度的指导意见》中指出，上市公司董事会成员中应当至少包括 1/3 比例的独立董事，因此，我们将在后面考察当独立董事比例发生变化时，信息披露最优点将会如何变化。

3.3　信息披露质量对公司业绩影响的实证结果分析

3.3.1　描述性统计与相关性分析

表 3-2 给出了主要变量的描述性统计结果，公司业绩 ROA 的均值为 0.032，标准差为 0.064，ROE 的均值为 0.067，标准差为 0.134，经应计盈余管理调整后的 ADROA 均值为 0.224，标准差为 0.408，ADROE 的均值为 0.258，标准差为 0.435。从均值可以看出，在使用应计盈余管理调整

公司业绩之后，公司真实业绩要好于调整之前的均值。信息披露质量 DISC 的均值为 0.593，表明我国上证和深证 A 股上市公司中有一半以上的公司披露其相关信息，信息披露质量总体上仍处于较低水平，仍有待提高。独立董事比例 INDR 的均值为 0.369，说明我国上市公司董事会中独立董事比例虽然达到了 2003 年 6 月 30 日之前的强制要求，虽有所改善，但独立董事制度的执行并未完全有效。资产负债率 LEV 的均值为 0.464，说明我国上市公司的资产负债率适中；国有控股比例 STATE 为 0.660，说明国有控股企业在所有上市公司中所占的比重较大；公司年龄 AGE 和公司规模 SIZE 自然对数的均值分别为 2.570 和 22.088。同时，本研究还对主要变量进行 Pearson 相关系数检验，表 3-3 给出了主要变量间的 Pearson 相关系数，可以看出各个变量的相关系数绝对值均小于 0.5，表明本研究所选变量之间不存在多重共线性问题。

表 3-2 描述性统计

	N	均值	极小值	极大值	标准差	方差
ROA	9682	0.032	−0.994	0.836	0.064	0.004
ROE	9682	0.067	−0.999	0.930	0.134	0.018
ADROA	9682	0.224	−5.189	1.004	0.408	0.167
ADROE	9682	0.258	−5.183	1.495	0.435	0.190
DISC	9682	0.593	0.055	0.959	0.195	0.038
INDR	9682	0.369	0.125	0.666	0.054	0.003
Lev	9682	0.464	0.001	0.998	0.219	0.048
State	9682	0.660	0.000	1.000	0.474	0.225
Ages	9682	2.570	−4.801	3.405	0.457	0.209
Size	9682	22.088	14.133	28.457	1.377	1.897

表 3-3　　　　　　　　　　　　　　主要变量间的 Pearson 相关系数

	ROA	ROE	ADROA	ADROE	DISC	INDR	LEV	STATE	AGE	SIZE
ROA	1									
ROE	0.782***	1								
ADROA	0.208***	0.226***	1							
ADROE	0.289***	0.506**	0.478**	1						
DISC	0.111**	0.106**	0.131***	0.119*	1					
INDR	-0.036**	-0.033*	0.034*	0.027*	0.104***	1				
LEV	-0.224**	-0.132**	0.139**	0.123**	0.126**	-0.004	1			
STATE	-0.022	-0.032*	0.093*	0.080*	0.111***	-0.031*	0.097**	1		
AGE	-0.070**	-0.066**	-0.117**	-0.120**	0.109***	0.001	-0.013	-0.046**	1	
SIZE	0.126**	0.188***	0.502***	0.510**	0.108***	0.041**	0.301**	0.250**	-0.224**	1

注: " *** "" ** "" * " 分别表示在 1%、5% 和 10% 水平上显著。

3.3.2　信息披露质量对公司业绩的影响结果分析

表 3-4 是信息披露程度与公司业绩的回归结果。其中模型 1 以公司业绩 ROE 和 ROA 作为被解释变量，并考察公司业绩与信息披露程度之间的相关性，模型 2 考察在加入信息披露程度和平方项 DISC^2 之后，公司业绩与信息披露程度的相关性。此外，表中也分别给出了残差项 AR(1) 和 AR(2) 的 P 值，可以看出，没有迹象表明 AR(1) 和 AR(2) 值在任何显著性水平上相关。而 Hansen 检验值 P 值均高于 10%，也证明了本书使用的方法是稳健的，用于分析信息披露程度与公司业绩之间的关系是合理的。

从回归结果看出，在模型 1 中 ROA 和 ROE 分别在 1% 和 5% 水平上显著正相关，在模型 2 中 ROA 和 ROE 与信息披露程度的平方项 DIC^2 之间分别在 5% 和 1% 水平上显著正相关，由此我们得出，公司业绩 ROA 和 ROE 与信息披露程度之间显著正相关。其他控制变量的结果表明，公司资产负债率越高，公司面临的财务风险越大，则公司的业绩就越低。国有控股股东所占的比例越高，则公司业绩越差，而且其公司业绩低于非国有控股公司。公司上市时间越长、公司所具有的规模越大，公司业绩越好。以上回归结果基本上与之前的实证文献研究结论保持一致。

表 3-4　　　　　　　　　信息披露程度与公司业绩回归结果

变量	模型 1				模型 2			
	ROA		ROE		ROA		ROE	
FP	2.823**	0.042	2.103***	0.006	2.652**	0.043	3.569***	0.000
DISC	9.561***	0.001	4.952**	0.049	5.120***	0.003	2.132**	0.031
DISC^2					4.236**	0.038	2.011***	0.003
LEV	−7.261	0.120	3.120	0.110	−7.023	0.111	12.350*	0.751
STATE	−0.016	0.112	−0.013*	0.066	−0.231	0.121	−0.015*	0.042

续表

变量	模型1				模型2			
	ROA		ROE		ROA		ROE	
AGE	0.021**	0.042	0.020**	0.040	0.956*	0.060	0.116**	0.048
SIZE	1.231*	0.070	3.561**	0.045	−0.031	0.005	3.852*	0.068
AR(1)		0.068		0.110		0.120		0.041
AR(2)		0.482		0.412		0.841		1.321
Hansen-J Test		0.421		0.462		0.756		1.023
N	9682	9682	9682	9682	9682	9682	9682	9682

注：" *** "" ** "" * "分别表示在1%、5%和10%水平上显著。

3.3.3　信息披露程度对真实公司业绩的影响结果分析

表3-5给出了信息披露程度与真实公司业绩之间的回归结果。同样，表中包含了 AR(1)、AR(2)和 Hansen 检验值的结果，该方法用于分析信息披露程度与真实公司业绩之间的关系是否稳健合理。

表3-5　　　信息披露质量与公司业绩和公司真实业绩回归结果

变量	模型1				模型2			
	ROA		ROE		ADROA		ADROE	
TFP	2.652**	0.043	3.569***	0.000	1.862**	0.040	2.261***	0.000
DISC	5.120***	0.003	2.132**	0.031	1.448**	0.033	2.541**	0.032
$DISC^2$	4.236**	0.038	2.011***	0.003	−0.825***	0.000	−0.411	0.103
Lev	−7.023	0.111	12.350*	0.751	−9.626	0.126	−0.390**	0.038
State	−0.231	0.121	−0.015*	0.042	−0.321	0.126	−0.023**	0.0389
Ages	0.956*	0.060	0.116**	0.048	0.897**	0.048	0.201*	0.065

续表

变量	模型 1				模型 2			
	ROA		ROE		ADROA		ADROE	
Size	−0.031	0.005	3.852*	0.068	6.032**	0.033	0.852***	0.008
AR(1)		0.120		0.041		0.106		0.013
AR(2)		0.841		1.321		0.251		0.846
Hansen-J Test		0.756		1.023		0.771		0.364
N	9682	9682	9682	9682	9682	9682	9682	9682

注:"***""**""*"分别表示在1%、5%和10%水平上显著。

表 3-5 中模型 1 主要分析信息披露质量和公司业绩之间的关系,而模型 2 则加入信息披露质量的平方项 DISC^2,试图分析信息披露质量与经过应计盈余管理调整后的公司业绩的关系。从模型 1 的回归结果来看,在使用应计盈余管理对公司业绩进行调整之前,ROA 和 ROE 均与信息披露质量之间存在显著的正相关关系。从模型 2 的回归结果来看,在加入信息披露质量的平方项 DISC^2 之后,ADROA 和 ADROE 均与信息披露质量存在负相关关系,其中,ADROA 与 DISC^2 在 1%水平上显著负相关,ADROE 虽与 DISC^2 负相关但却不显著。这一结果表明,在使用应计盈余管理对公司业绩进行调整后,DISC 和 DISC^2 的系数符号相反,说明信息披露质量与公司业绩之间并非呈现线性相关性,从而验证了假设 3-1 的成立。在资本市场上,当投资者不完全理性的情况下,存在最优而非最大信息披露数量,导致信息披露质量的提高不一定带来公司业绩的不断提升。

同时,从回归结果中我们还发现,DISC 和 DISC^2 的回归系数分别为 1.448 和−0.825,因此根据前述公式(3-8)可以计算出最优信息披露点 DISC$^* = -\alpha_1/2\alpha_2 = -1.448/[2\times(-0.825)] = 87.76\%$。这一结果则表明,信息披露质量的提高并非总是带来公司业绩的不断提升,在使用应计盈余管理对公司业绩进行调整后,而是存在一个最优信息披露点 87.76%,在最优信息披露点左边，信息披露质量的提高会带来公司业绩的不断提升，而在达到这一最优信息披露点之后，信息披露质量的提高反而会造成公司业绩的下降。造成这一现象的原因在于，尽管信息披露制度要求的改变对公司所有者是有利的，但是同样会带来信息披露成本和其他间接成本的上升，而这些成本必然会影响所有者的投资收益。同时，较高程度的信息披露造成关注职业声誉的高管通过盈余管理获得一定的信息披露收益，而且随着边际信息披露成本的上升，信息披露数量反而下降。综上所述，本研究的假设 3-1 得以验证。即在使用应计盈余管理对公司业绩进行调整后，信息披露质量与公司业绩之间存在非线性相关关系，且存在一个最优信息披露点，使其左右两侧公司真实业绩以相反的方向变化。图 3.2 和图 3.3 给出了应计盈余管理调整前后信息披露质量与公司业绩之间的关系。

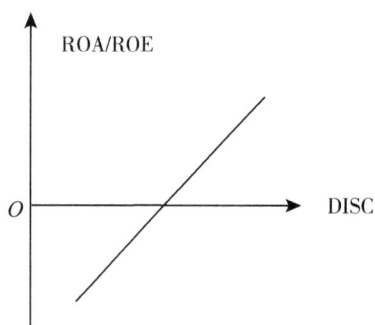

图 3.2　DISC 与公司业绩（ROA/ROE）　　图 3.3　DISC 与公司真实业绩（ADROA）

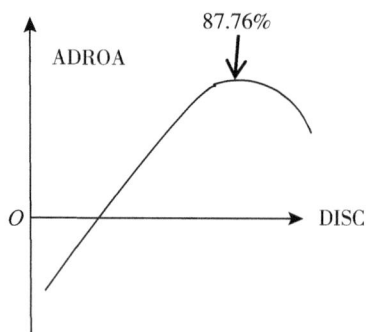

3.3.4　独立董事对信息披露质量与公司业绩的影响结果分析

为进一步考察独立董事治理对信息披露质量和公司业绩之间的影响关系，本研究在上述分析的基础上加入独立董事比例、独立董事比例与信息披露质量的交叉项 IB×DISC 和 IB×DISC^2。回归结果如表 3-6 所示。

表 3-6　　　　　信息披露质量、独立董事与公司业绩回归结果

变量	模型 3				模型 4			
	ADROA		ADROE		ADROA		ADROE	
TFP	1.792 **	0.039	2.164 ***	0.000	2.563 **	0.040	3.012 ***	0.003
DISC	1.680 **	0.032	2.490 **	0.039	1.536 ***	0.000	2.042 **	0.035
DISC^2	−0.885 ***	0.000	−6.598	0.103	−0.833 **	0.0146	−4.398	0.121
INDR					−0.035 ***	0.002	−0.356 **	0.031
INDR×DISC					2.021 ***	0.000	1.561	0.120
INDR×DISC^2					−1.898 ***	0.000	−1.663	0.156
Lev	−9.626	0.131	−0.379 **	0.031	−10.321 *	0.061	−0.321 **	0.021
State	−0.321	0.154	−0.021 **	0.032	−0.381	0.163	−0.031 **	0.039
Ages	0.832 **	0.041	0.301 *	0.075	0.356	0.100	0.348	0.132
Size	7.169 **	0.023	0.496 ***	0.000	5.389 ***	0.000	0.312 ***	0.000
AR(1)		0.116		0.016		0.056		0.003
AR(2)		0.264		0.796		0.221		0.162
Hansen-J Test		0.639		0.315		0.826		0.426
N	9682	9682	9682	9682	9682	9682	9682	9682

注:"***""**""*"分别表示在1%、5%和10%水平上显著。

表 3-6 中模型 3 表示未加入 INDR 和交叉项的回归结果,模型 4 表示加入独立董事比例以及交叉项 INDR×DISC 和 INDR×DISC^2 后的回归结果。可以看出,在加入独立董事比例之前,ADROA 与 DISC^2 之间在 1% 水平上显著负相关,而在加入独立董事比例之后,ADROA 与 DISC^2 之间在 5% 水平上显著负相关,结果表明,独立董事能够显著影响信息披露质量与公司业绩之间的相关性,且随着独立董事比例的不断提高,两者之间的相关性会不断减弱。另外,独立董事比例与信息披露质量的交叉项 INDR×DISC^2 的系数符号为负值,且在 1% 的水平上显著,表明随着独立董事比例的不断提高,独立董事对高管行为的监督作用得到加强,信息披露质量与公司业

绩之间的相关性得以减弱。因为独立董事比例的提高会使高管的决策行为受到独立董事的直接有效监督,高管在制定决策行为时更加谨慎,为了减少其面临的职业风险,他们会及时披露更多公司信息从而达到最优信息披露质量进而提高公司业绩。这一结果验证了我们的假设 3-2,即在使用应计盈余管理调整公司业绩后,独立董事比例提高会显著影响信息披露质量与公司业绩之间相关性。

此外,ADROA 和 $DISC^2$、$INDR \times DISC^2$ 的系数分别为 -0.792 和 -1.534,均为负值,验证了信息披露质量和公司业绩之间存在非线性相关性假设的成立。同时,《关于在上市公司建立独立董事制度的指导意见》中指出,上市公司董事会成员中应当至少包括 1/3 比例的独立董事,因此我们分别考察独立董事比例发生变化时,最优信息披露点将会呈现何种变化趋势。这里我们分别对 IB 取值为 0、1/3 和 1 时,根据公式(3-7)我们可以计算出所对应的最优信息披露点。

当 $INDR = 0$ 时,$DISC^* = 92.16\%$;

当 $INDR = 1/3$ 时,$DISC^* = 75.38\%$;

当 $INDR = 1$ 时,$DISC^* = 65.13\%$。

将以上三种计算结果绘制成图 3.4:

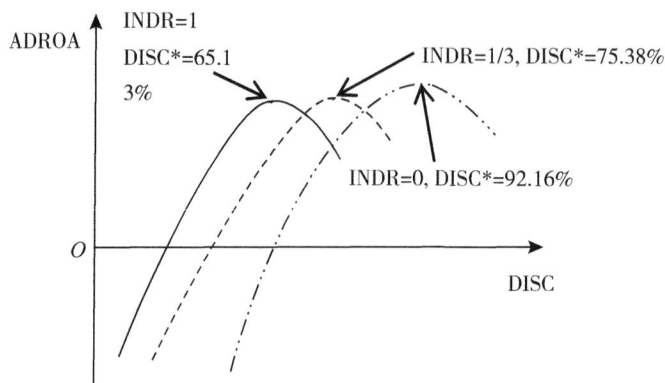

图 3.4　INDR 对 DISC 和 ADROA 的影响

从表 3-6 和图 3.4 的结果可以看出，在使用应计盈余管理对公司业绩进行调整后，当公司独立董事比例为 0(假定值)时，意味着独立董事完全没有发挥自己的监督作用，可能他们与高管达成"权力平衡"，造成公司高管可以完全自由裁定信息披露数量，在这一无效监督机制下，独立董事和信息披露的交互作用使得高管只能不断地披露更多的公司信息，以较高的最优信息披露点(92.16%)才能满足投资者对信息的最优化需求；而当独立董事比例为 1(假定值)时，公司高管的任何行为都会受到独立董事的严密监督，这将增加高管的职业关注和风险，由于他们没有任何权力自由决定信息披露数量，而在这种完全有效的监督机制下，独立董事和信息披露的交互作用使得上市公司可以较低的信息披露数量达到最优程度(65.13%)，从而满足股东和相关投资者的信息需求；当独立董事比例为 1/3 时，上市公司的高管可以在独立董事的监督作用下，合理使用自己的权力发布公司信息。由于在这种监督机制下，独立董事的作用可能并没有充分发挥，因此最优化信息披露取决于高管的决策行为和董事会的监督效力。

因此，随着独立董事比例的不断增加，最优信息披露点将会不断降低，从而以较低的信息披露最优化程度满足投资者的信息需求。这意味着独立董事的角色定位不是"权利均衡"，而是真正起到监督高管行为的作用，这与之前我们的推测一致，假设 3-2 得以验证。原因在于上市公司高管在披露信息时，由于受到董事会的监督，不仅要均衡信息披露的效益和成本，而且还要考虑到自己的职业关注和风险，同时由于投资者大多是有限理性的，他们会根据自己的需求能力来匹配信息需求量，因此，上市公司信息披露总存在一个最优点。在最信息披露优点左侧，信息披露质量的提高会显著带来公司业绩的提升，而一旦达到最优点，信息披露的增加不仅会造成上市公司披露成本的上升，而且会带来公司业绩的降低。

控制变量中，公司规模系数显著为正，表明规模越大的公司其对应的公司业绩越好。公司上市时间为正值但不显著。资产负债率显著为负，表明上市公司财务风险越高，公司业绩越差。控股股东类型系数显著为负，说明非国有控股公司的公司业绩比国有控股公司好。

3.4　稳健性检验

为了验证研究结论稳健性的，本书进行如下三方面的稳健性检验。

3.4.1　信息披露质量替代变量稳健性检验

本书选用 Botosan 的信息披露指数构建法来度量上证 A 股和深证 A 股上市公司的信息披露程度，而国内学者大多采用深圳证券交易所的信息披露质量评级来衡量上市公司的信息披露程度。因此，本书拟选取样本中的深证 A 股上市公司作为研究对象，共计 382 家公司 3805 个样本，以深交所"上市公司信息披露工作考核办法"为依据，从及时性、准确性、完整性、合法性四个方面来考察上市公司的信息披露程度，将信息披露结果分为四个等级：优秀、良好、及格和不及格，如果考评结果有良好和优秀，则 DISC＝1，否则 DISC＝0。回归结果如表 3-7 所示。可以看出，在使用深交所信息考评等级对深证 A 股上市公司信息披露程度进行度量之后，回归结果基本上表 3-4 和表 3-5 的结论保持一致，从而支持了本书的假设。

表 3-7　　　　　　　　稳健性检验 1：信息披露质量替代变量

变量	模型 5				模型 6			
	ADROA		ADROE		ADROA		ADROE	
TFP	2.061^{**}	0.000	1.689^{***}	0.002	3.026^{**}	0.031	3.421^{***}	0.000
DISC	1.623^{**}	0.011	2.356^{**}	0.042	1.429^{***}	0.000	2.461^{**}	0.026
$DISC^2$	-0.356^{**}	0.023	-6.781	0.133	-0.796^{**}	0.023	-5.491	0.130

续表

变量	模型5				模型6			
	ADROA		ADROE		ADROA		ADROE	
INDR					−0.046*	0.053	−0.426*	0.061
INDR×DISC					2.326**	0.013	1.619	0.131
INDR×DISC^2					−1.796***	0.000	−1.649	0.135
LEV	−11.295	0.239	−0.412**	0.036	−11.138*	0.052	−0.461**	0.040
STATE	−0.541	0.163	−0.036**	0.040	−0.426	0.135	−0.312**	0.030
AGE	0.766**	0.046	0.416*	0.079	0.501	0.142	0.469	0.103
SIZE	8.168**	0.019	0.569***	0.000	6.389***	0.004	0.461***	0.006
AR(1)		0.135		0.023		0.063		0.016
AR(2)		0.356		0.755		0.301		0.295
Hansen-J Test		0.683		0.344		0.729		0.526
N	3805	3805	3805	3805	3805	3805	3805	3805

注:"***""**""*"分别表示在1%、5%和10%水平上显著。

3.4.2 公司业绩替代变量稳健性检验

我们借鉴 Cornett 和 Marcus（2008）的方法，使用未操纵的公司业绩（Unmanaged Performance）作为真实公司业绩的替代变量，其中，未操纵的公司业绩=（息税前利润−可操纵性应计利润）/资产总额，此外，在数据整理中发现有13家公司部分数据缺失，因此，剔除数据缺失公司后我们得到9617个样本，并对变量重新进行回归，结果如表3-8所示。从结果中可以看出，本书的结论还是稳健的。

表 3-8   稳健性检验 2：公司业绩替代变量

变量	模型 5		模型 6	
	Unmanaged Performance		Unmanaged Performance	
TFP	2.162***	0.000	2.361***	0.000
DISC	1.698***	0.000	1.366**	0.013
DISC^2	−0.794***	0.000	−0.621**	0.013
INDR			−0.066	0.133
INDR×DISC			3.021**	0.032
INDR×DISC^2			−1.894***	0.000
LEV	−6.695*	0.081	−0.426*	0.063
STATE	−0.421	0.136	−0.032**	0.042
AGE	0.832**	0.041	0.423**	0.012
SIZE	8.233**	0.021	0.523***	0.001
AR(1)		0.322		0.023
AR(2)		0.526		0.694
Hansen-J Test		0.685		0.451
N	9617	9617	9617	9617

注："***""**""*"分别表示在 1%、5%和 10%水平上显著。

3.4.3 内生性检验

Coles 和 Daniel 等(2008)发现，在对公司业绩进行实证研究时内生性问题是我们必须要关注的问题。Chen 和 Jiang 等(2013)认为，较高价值的企业更有动机参与下年度的自愿性信息披露，这样做可以降低资金成本，并避免资本市场中"柠檬问题"带来的价格折扣。而对于时间序列或面板数据模型，常常使用内生解释变量的滞后变量作为工具变量，基于此，为了减少此类内生性问题对研究结论可能产生的影响，本书首先对解释变量进行滞后一期的处理，考察信息披露质量有关控制变量对滞后一年真实公司业绩的影响，将模型（3-4）中的 TFP_{it} 替换为滞后一期的 TFP_{it-1}，并重新进行回归分析，结果如表 3-9 所示。

此外，崔学刚（2004）以自愿性信息披露水平作为信息透明度的替代变量，认为流通股比例越高，信息透明度越高，而杜莹和刘立国（2002）的研究认为流通股比例与公司绩效无相关关系。可以看出，流通股比例与真实公司业绩不相关，而与信息披露相关，从而能够满足工具变量法对工具变量选取的条件。因此，本书使用工具变量法（IV）选取流通股比例作为工具变量，并使用两阶段最小二乘法（2SLS）对原模型进行估计。因此，参考张兵和范致镇等（2009）的方法，加入流通股比例（CIRCU）作为真实公司业绩对信息披露质量影响的工具变量，其中，流通股比例等于非限售的股本与总股本的比值，构建第一阶段回归方程（3-8），并将结果代入第二阶段模型（3-4），回归结果如表 3-9 所示。

$$DISC = \beta_0 + \beta_1 CIRCU_{i,t} + \beta_2 TFP_{i,t} + \beta_3 SIZE_{i,t} + \beta_4 AGE_{i,t} +$$
$$\beta_5 LEV_{i,t} + \beta_6 STATE_{i,t} + \beta_7 BIG_{i,t} + \beta_8 INDR_{i,t} + \varepsilon_{i,t} \tag{3-9}$$

表 3-9   内生性检验

变量	滞后变量的内生性检验			工具变量的内生性检验		
	DISC	$ADROA_{it-1}$	$ADROE_{it-1}$	DISC	ADROA	ADROE
Con_	11.354***	13.255***	12.169***	18.212***	19.265***	18.564***
	0.000	0.000	0.000	0.000	0.000	0.000
DISC		2.201***	2.698***		4.565***	4.756***
		0.134	0.051		0.264	0.086
DISC²		-0.698**	-0.561		-0.842***	-0.689*
		0.032	0.156		0.056	0.351
CIRCU					0.254	0.230
					0.012	0.011
LEV	-3.769*	-0.521**	-0.422***	-0.389**	-0.632**	-0.456**
	0.023	0.068	0.045	0.012	0.065	0.051

61

续表

变量	滞后变量的内生性检验			工具变量的内生性检验		
	DISC	$ADROA_{it-1}$	$ADROE_{it-1}$	DISC	ADROA	ADROE
STATE	−0.321	−0.062 ***	−0.120 ***	−0.425	−0.075 **	−0.164 ***
	0.102	0.065	0.042	0.121	0.075	0.056
AGE	0.623 **	0.621 **	0.320 **	0.075 **	0.689 **	0.354 **
	0.032	0.032	0.065	0.051	0.041	0.072
SIZE	6.247 **	0.543 ***	0.865 ***	6.995 **	0.632 ***	0.915 ***
	0.036	0.002	0.010	0.055	0.006	0.015
$ADROA_{it-1}$	0.856			0.944		
∕ADROA	0.056			0.082		
$ADROE_{it-1}$	0.974			0.988		
∕ADROE	0.081			0.091		
Year	Yes	Yes	Yes	Yes	Yes	Yes
Industry	Yes	Yes	Yes	Yes	Yes	Yes
N	9617	9617	9682	9617	9617	9682
Adi_R^2	0.223	0.246	0.226	0.334	0.364	0.321

注：" *** "" ** "" * "分别表示在 1%、5% 和 10% 水平上显著。

3.5 本 章 小 结

本章以 2011—2020 年沪深 A 股 1147 家上市公司为研究样本，在考虑应计盈余管理对公司业绩影响作用的基础上，分析信息披露质量对公司业绩的影响关系，并进一步探讨独立董事治理对两者关系的影响。研究结果表明：(1)在使用应计盈余管理对公司业绩进行调整后，存在一个最优信息披露点，在其左侧信息披露质量的增加会带来公司业绩的提高，而在其右侧信息披露质量的增加却会导致公司业绩下降；(2)在使用应计盈余管理对公司业绩进行调整后，独立董事会显著影响信息披露质量与公司业绩之间的相关性，独立董事比例的提高会显著降低最优信息披露点。

本章的结论不仅丰富了现有信息披露文献的研究，而且对我国上市公司信息披露制度的制定和执行也具有一定的启示意义。一方面要不断完善上市公司信息披露规范和制度要求，另一方面也要防范由于上市公司信息披露混乱造成的市场机制紊乱现象。因此，上市公司应该建立健全信息披露机制，充分发挥独立董事的监督作用，保护投资者权益的同时提高公司的市场价值。

第4章 信息披露质量对公司风险 承担的影响研究

风险承担反映了公司投资决策的风险偏好，不同公司选择的投资项目风险存在差异，从而导致其风险承担意愿也存在较大差异（何威风等，2016）。风险承担水平高表明公司倾向于风险偏好，通常较少会放弃不确定性高、收益和潜在价值较大的风险投资项目，而风险承担水平低则反映出公司倾向于风险规避，通常会选择风险低的短期投资项目（Boubakri 等，2013；张敏等，2015）。早期的风险承担研究认为，风险承担水平的提高能够促进公司业绩增长，进而获得较好的市场和盈利机会，风险承担是公司获取利润并实现可持续发展的基石，同时也能够推动社会经济的增长（John 等，2008）。然而，过度的风险承担也可能产生恶劣的经济后果（李小荣和张瑞君，2014）。中国正处于转轨加新兴的经济发展时期，如何提高公司风险承担水平且防范过度风险承担所产生的恶劣经济后果，是我国现代公司治理和资本市场发展必须要重视的问题之一。

信息披露是资本市场运行的基石和基本制度安排之一（罗进辉，2014；肖土盛等，2017）。然而，我国上市公司的自愿性信息披露指数普遍较低，因此，中国证监会颁布了《关于提高上市公司财务信息披露质量的通知》《关于进一步提高上市公司财务信息披露质量的通知》以及《上市公司信息披露管理办法》等相关法律法规，旨在从上市公司的行为规范角度提升信息披露质量，促进公司长期发展，并保障资本市场健康稳定发展。同时，我国正处于转型加新兴市场环境下，这无疑将给我国上市公司信息披露制度和规范提出了更高要求。那么，作为一项重要的内部公司治理机制，信息披露质量的提高将会对公司风险承担决策行为产生何种影响？遗憾的是，尽管这一问题已经引起了学术界的关注，但直接从信息披露质量的视角研究公司风险承担的文献却相对缺乏。

4.1 信息披露质量对公司风险的影响机理分析

资本市场上有六种因素促使管理者进行信息披露：资本市场交易、公司控制权争夺、股权报酬、诉讼成本、管理者能力和专有成本等（Healy 和 Palepu，2001）。信息不对称理论认为市场交易中至少有一方拥有相关信息，双方在信息量上存在不对等性（Albring 和 Xu，2018），代理问题的存在降低了管理者的风险承担意愿。信号传递理论认为，公司将确定信息及时传递给投资者以吸引更多投资并提高公司声誉，可以有效缓解参与主体之间的信息不对称问题（韩美妮和王福胜，2017）。然而，信息披露是一把"双刃剑"，更多信息披露能够使委托人做出更有效的投资决策，但同时也增加了股东监督成本，引发管理者声誉和职业关注，从而诱发新的代理问题和管理者短视行为（Hermalin 和 Weisbach，2012；Albring 和 Xu，2018）。因此，信息披露质量对公司风险承担的影响存在两种效应：一是公司治理效应；二是管理层声誉效应。

4.1.1 信息披露质量对公司风险承担的影响：公司治理效应

从治理效应角度，信息披露质量的提高能够促进公司承担风险。信息不对称问题和代理问题是影响公司风险承担的主要原因（Kempf 等，2009），高质量的信息披露能够有效缓解管理者和股东之间的信息不对称和代理问题对公司风险承担的影响。

首先，管理者和股东之间存在的第一类代理问题将会对公司风险承担产生负向影响。由于管理者通常比股东面临较高的不可分散的雇佣风险，因此在公司决策过程中他们大多表现出较高的风险厌恶态度，从而倾向于放弃风险较高的长期投资项目，如研发投入和技术创新项目（韩美妮和王福胜，2017）。同时，公司短期业绩提升不仅会影响公司股价，也对管理者薪酬造成影响，促使管理者关注于短期投资项目，从而使公司放弃风险高的投资项目（Bernard，2016）。而随着信息披露质量的提高，管理者和股东之间的代理问题有所降低，股东对管理者的监督能力也随之提高，此时管理者降低风险承担的意愿也将随之降低（Holmstrom，1989）。在现实公司治理环境中，多数上市公司使用业绩薪酬敏感度激励管理者努力工作，管理者薪酬往往与公司业绩挂钩，信息披露质量的提高无疑将提高管理者业绩薪酬敏感度，从而激励管理者采取与股东利益一致的行为，使管理者更愿意投资于提升公司业绩的风险投资项目（He 和 Tian，2013）。

其次，控股股东和外部股东之间存在的第二类代理问题同样也会对公司风险承担产生负向影响（Bushman 和 Smith，2001）。由于控股股东通常持有较多的公司股份，而风险型投资项目必将提高他们的持股风险，因此他们更愿意选择价值较低但能够带来控制权和私有收益的投资项目，从而倾向于采取风险规避的决策行为（Zhang，1998）。同时，控股股东较外部中小股东具有一定的信息优势，而信息披露质量的提高无疑能够缓解控股股东和外部中小股东之间的信息不对称程度，从而提高中小股东"用脚投票"行为的有效性（Armstrong 等，2020），这必将降低控股股东放弃风险投资项目的可能性。此外，高质量的信息披露还能够有效引导外部股东和投资者做出合理的价值判断和理性决策，从而实现资源优化配置。

最后，融资约束问题也制约了公司风险承担行为（张敏等，2015；卢馨等，2013；沈俊和张仁慧，2018）。融资约束理论认为，当公司的融资成本较高且内部现金流不足时，通常会放弃净现值为正的风险投资项目。当公司面临较高的融资约束问题时，管理者通常会规避风险，采取相对谨慎的投资决策；当公司面临较低的融资约束时，由于资金来源相对充足，管理者承担风险的意愿较高，会采取相对宽松的投资决策(沈俊和张仁慧，2018)。由于公司内部和外部参与主体之间存在一定的信息不对称，投资者通常会向公司索取更多的资本报酬，以补偿其信息劣势所产生的风险，并因此加大了公司融资约束问题。随着信息披露质量的提高，投资者所面临的信息劣势和风险由此降低，他们也愿意为公司提供更多资金从而降低公司资本成本，并有效缓解融资约束问题对提高公司风险承担水平的制约(Barth 等，2013；Balakrishnan 等，2014)。因此，基于上述分析，本书提出假设 4-1：

假设 4-1：较高的信息披露质量能够提高公司风险承担水平。

4.1.2 信息披露质量对公司风险承担的影响：管理层声誉效应

从声誉效应角度，信息披露质量的提高会降低公司风险承担意愿。管理者在决策过程中会考虑已有声誉的保持和未来声誉的建立，且职业关注也是他们也不愿意承担过高风险的重要原因(李小荣和张瑞君，2014)。

首先，由于公司股东大多通过管理者的经营业绩来对其进行考察评价，而高风险投资项目通常伴随着较高的失败可能性，因此管理者在投资决策中会考虑到已有声誉，为了向股东发送能力强的信号，他们会倾向于选择风险较低的投资项目(李小荣和张瑞君，2014)。Hirshleifer 和 Thakor(1992)通过建立管理者声誉和投资项目选择模型发现，基于已有声誉，管理者在投资决策上表现出谨慎性。Eisenmann(2002)和 Mishra(2011)在研究中也发现，基于未来声誉和职业发展考虑，管理者为了获取私利而采取保守的投资策略，从而降低公司风险承担水平。

其次，由于上市公司管理者存在个人财富风险低分散化，以及对其职业生涯的关注产生了风险承担不足的问题(伊志宏等，2010)，他们甚至会放弃一些风险相对较高但净现值为正的投资项目(Kempf 等，2009)。

Chakraborty 等（2007）发现管理者在风险投资决策中会考虑到解雇风险，管理者解雇风险提高 10% 将会导致公司股票回报波动率降低 5%~23%。因此，管理者的风险承担意愿取决于解雇风险和薪酬水平的相对重要程度。当管理者面临的解雇风险相对重要时，管理者会因此而降低风险承担水平以避免被公司解雇，从而降低了公司风险承担水平（李小荣和张瑞君，2014；Kempf 等，2009）。孟庆斌等（2015）也指出，基金经理的职业关注度越高，基金的投资风格越保守。此外，信息披露质量的提高可能会导致公司特有信息被竞争对手观察到，从而影响公司的竞争地位，并带来较高成本，而且信息披露专有成本和管理者薪酬补偿的存在（Hermalin 和 Weisbach，2012），可能会使公司利益由于信息披露而受损，从而降低公司风险承担的意愿。因此，基于上述分析，本书提出假设 4-2：

假设 4-2：较高的信息披露质量能够降低公司风险承担水平。

本书的概念模型如图 4.1 所示。

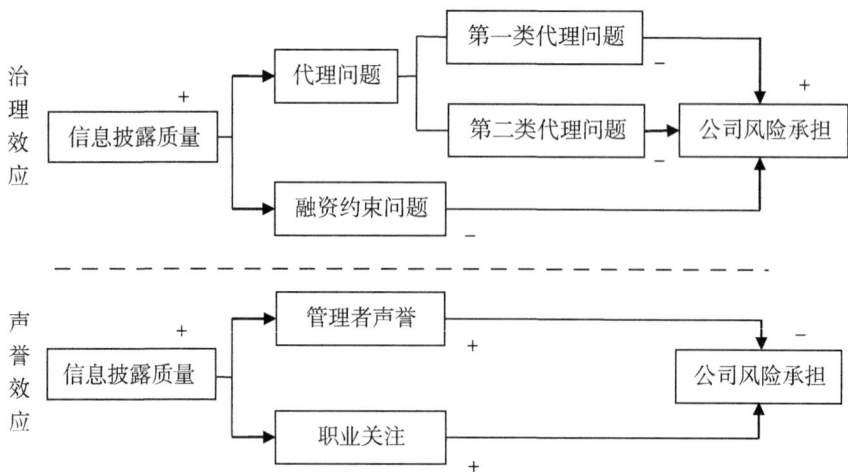

图 4.1　概念模型图

4.2 研 究 设 计

4.2.1 样本选取与数据来源

中国证券监督管理委员会于 2006 年 1 月 1 日开始实施《公司股权激励管理办法(试行)》,并于 2006 年 12 月 13 日发布《上市公司信息披露管理办法》,因此,为了减少时间选择可能会对研究结果产生的影响,本书选取 2011—2020 年我国 A 股主板上市公司为原始样本,并对初始样本按照以下原则进行筛选:(1)剔除 ST、*ST 和 PT 等特殊交易状态的上市公司;(2)剔除资产负债率大于 1 的上市公司;(3)剔除数据缺失以及数据不足 5 年的公司;(4)为消除极端值的影响,对主要连续变量进行前后 1% 的 Winsorize 处理。经过上述处理,最终得到 2195 家上市公司共计 20316 个样本观测值。本书的管理层持股数据主要来源于上市公司年报和新浪财经,信息披露质量数据来自上市公司年报手工整理,上市公司治理和财务数据来源于国泰安(CSMAR)、万德(WIND)和锐思(RESSET)数据库。

4.2.2 变量选取与定义

1. 解释变量:信息披露质量(DISC)

KV 指数反映了投资者对信息不对称程度的客观评价,因而能够真正反映上市公司信息披露的实际效果,且包含了强制性和自愿性信息披露,因而能够全面度量上市公司信息披露质量。参考 Coles 等(2006)的研究,本书采用 KV 指数来度量信息披露质量。

$$\text{Ln}\left|(P_t - P_{t-1})/P_{t-1}\right| = \alpha + \beta(\text{Vol}_t - \text{Vol}_0) + \varepsilon \tag{4-1}$$

$$\text{KV} = 10000 \times \beta \tag{4-2}$$

其中，P_t 是第 t 日的股票收盘价，P_{t-1} 是第 $t-1$ 日的股票收盘价，Vol_t 是第 t 日的股票交易量，Vol_0 是研究期间内所有交易日的平均股票交易量，利用最小二乘法计算得到 β（不考虑 β 小于 0 的情况），β 值越小，说明上市公司信息披露越充分，信息披露质量就越高。

同时，在稳健性检验中，本书借鉴曾颖和陆正飞（2006）的研究，用深交所信息披露考核评级作为信息披露质量的替代变量，该考核机制同时考察了上市公司的自愿性信息披露和强制性信息披露两个方面，保证了考评结果的全面性。根据深交所《上市公司信息披露工作考核办法》将上市公司信息披露质量考核结果分为优秀、良好、及格和不及格四个等级，分别取值为 4、3、2 和 1。

2. 被解释变量：公司风险承担（Risk）

本书参考 Koerniadi 等（2014）的研究，用某时间段内总资产收益率（ROA）的波动性（标准差）来衡量公司风险承担水平。

$$\mathrm{Risk}_{i,\,t} = \sqrt{\frac{1}{T-1}\sum_{t=1}^{T}\left(\mathrm{ADJ\_ROA}_{i,\,t} - \frac{1}{T}\sum_{t=1}^{T}\mathrm{ADJ\_ROA}_{i,\,t}\right)^2 / T} = 3,\ 4,\ 5$$

（4-3）

$$\mathrm{ADJ\_ROA}_{i,\,t} = \frac{\mathrm{EBIT}_{i,\,t}}{\mathrm{ASSETS}_{i,\,t}} - \frac{1}{X_t}\sum_{k=1}^{x}\frac{\mathrm{EBIT}_{k,\,t}}{\mathrm{ASSETS}_{k,\,t}}$$

（4-4）

其中，$\mathrm{Risk}_{i,t}$ 为公司 i 在 t 年度内的风险承担水平，T 表示观测时段内的年份，本书选择的观测时段为 3 年、4 年和 5 年（其中 3 年和 4 年用于稳健性检验），$\mathrm{ROA}_{i,t}$ 为公司 i 在 t 年度的总资产收益率，$\mathrm{ADJ\_ROA}_{i,t}$ 为经年度和行业调整后的 ROA，用每个公司的 ROA 减去同年同行业均值进行调整，以消除经济周期和行业的影响；$\mathrm{EBIT}_{i,t}$ 为公司 i 在 t 年度的息税前利润；$\mathrm{ASSETS}_{i,t}$ 为公司 i 在 t 年度的总资产；X 代表某行业的公司总数量，k 代表该行业内的第 k 家公司。

3. 控制变量

借鉴已有学者的研究，本书还对以下主要变量进行控制：（1）公司规

模(Size)，用上市公司年末总资产的自然对数表示；(2)产权性质(State)，
当上市公司的实际控制人为国有控股时取值为 1，否则为 0；(3)机构投资
者持股(INST)，用上市公司机构投资者持有公司股份占总流通股股数的比
例表示①；(4)增长机会(MB)，用上市公司股票市场价值与账面价值比值
表示；(5)资本结构(Lev)，用上市公司总负债与总资产的比值表示；(6)
持股集中度(H₅)，用前五大股东的持股比例平方和表示；(7)股息(DD)，
当上市公司在本年度向股东支付股息时取值为 1，否则取值为 0②；(8)上
市时间(Ages)，用上市年限加 1 后的自然对数值表示。同时，本书还控制
行业(Industry)和年份(Year)固定效应。主要变量及其定义和计算如表 4-1
所示。

表 4-1 变 量 定 义

变量名称	变量符号	计 算 方 法
风险承担	Risk	总资产收益率(ROA)未来五期滚动标准差，如公式 (4-3)和(4-4)
信息披露质量	DISC	KV 指数，如公式(4-1)和(4-2)
公司规模	Size	上市公司总资产的自然对数
产权性质	State	当公司实际控制人为国有性质时取值为 1，否则取 值为 0
机构投资者持股	INST	上市公司机构投资者持有公司股份占总流通股股数 的比例

① 按照万德资讯数据库(WIND)中对机构投资者的分类，本研究所指的机构投资
者包括基金、合格境外投资者、券商、保险、社保基金、信托、财务公司和银行等。

② Albring 和 Xu(2018)认为，公司是否支付股息将会影响公司风险承担，支付股
息企业的管理者参与较少的风险承担。而国内现有数据库并未单独给出这一变量的具
体信息，因此本研究按上市公司股利分配率是否大于 0 进行界定，当股利支付率大
于 0 时，表明上市公司支付股息，否则未支付股息。

续表

变量名称	变量符号	计 算 方 法
增长机会	MB	上市公司股票市场价值与账面价值比值
资本结构	Lev	上市公司总负债与总资产的比值
持股集中度	H_5	股权集中度，以前五大股东的持股比例平方和表示
股息	DD	当上市公司支付股息时取值为 1，否则取值为 0
上市时间	Ages	上市年限加 1 后的自然对数值，即 ln(1+上市年限)
行业哑变量	Industry	当上市公司属于某个行业 m 时取值为 1，否则为 0
年份哑变量	Year	当上市公司处于某个年度 n 时取值为 1，否则为 0

4.2.3　模型设计

本书采用如下检验模型检验前述假设：

$$Risk_{i,\,t+1} = \alpha_0 + \alpha_1 DISC_{i,\,t} + \alpha_2 Size_{i,\,t} + \alpha_3 INST_{i,\,t} + \alpha_4 MB_{i,\,t} + \alpha_5 Lev_{i,\,t} +$$
$$\alpha_6 H_{5i,\,t} + \alpha_7 DD_{i,\,t} + \alpha_8 Ages_{i,\,t} + \sum Industry + \sum Year + \varepsilon_{i,\,t}$$

$$(4\text{-}5)$$

同时本书对相关变量进行滞后一期处理，以减少时间选择对结果的影响。公式(4-5)中，Risk 为公司风险承担，α_0 和 $\alpha_0 \sim \alpha_8$ 分别为回归方程的截距项和回归系数，ε 为残差项，其他变量解释如表 4-1 所示。

本书主要考察信息披露质量与公司风险承担之间的影响关系，如果公式(4-5)中系数 α_1 显著为正，则表示信息披露质量显著提高了公司风险承担，则假设 4-1 成立，即信息披露的"公司治理效应"得以验证；如果 α_1 显著为负，则假设 4-2 成立，即"管理层声誉效应"得以验证。

4.3 信息披露质量对公司风险承担的影响结果分析

4.3.1 描述性统计

表 4-2 报告了相关变量的描述性统计结果。可以得知，公司风险承担的均值和标准差分别为 0.036 和 0.025，表明我国不同上市公司风险承担水平存在一定差异，这与国内已有文献统计结果基本一致。KV 指数均值为 0.333，标准差为 0.261，最大值和最小值分别为 1.424 和 0，意味着我国上市公司信息披露质量存在较大差异，我国上市公司整体信息披露水平一般。公司规模的均值为 22.062，标准差为 1.307，表明不同上市公司的规模存在较大差异。产权性质均值为 0.646，表明国有企业所占比例较大。机构投资者持股比例最大值为 74.99%，最小值为 0，均值为 4.7%，标准差为 5.290，说明不同上市公司机构投资者持股比例存在较大差异。市场价值和账面价值比值的均值为 2.152，表明我国上市公司总体状况良好，成长性较高。资产负债率均值和标准差分别为 0.497 和 1.409，表明我国上市公司总体经营风险较小，各个公司的财务状况存在较大差异。

表 4-2 　　　　　　　　　研究变量描述性统计

变量	N	Min	Mean	Median	Max	Sdv
Risk	20316	0.003	0.036	0.028	0.611	0.025
DISC	20316	0.000	0.333	0.260	1.424	0.261
Size	20316	18.266	22.062	21.870	28.509	1.307
State	20316	0.000	0.646	0.000	1.000	0.498
INST	20316	0.000	4.701	3.060	74.990	5.290
MB	20316	0.007	2.152	1.626	33.377	1.995
Lev	20316	−0.195	0.497	0.448	124.022	1.409

续表

变量	N	Min	Mean	Median	Max	Sdv
H₅	20316	0.003	0.169	0.140	0.810	0.122
DD	20316	0.000	0.720	1.000	1.000	0.449
Ages	20316	0.693	2.132	2.197	4.771	0.725

4.3.2　相关性分析

表 4-3 报告了主要研究变量之间的相关系数。可以发现，公司风险承担（Risk）与信息披露质量（DISC）在 1% 水平上显著正相关，初步表明信息披露质量的提高显著提升了公司风险承担水平，支持了信息披露的"治理效应"。在控制变量方面，公司资本结构、机构投资者持股、增长机会和上市年限与公司风险承担显著正相关，表明较高的债务、较高的机构投资者持股、公司成长性好以及更长的上市年限会促使公司承担更大的风险项目；公司规模、产权性质、股权集中度和公司是否支付股息与公司风险承担显著负相关，表明公司规模越大、最终控制人为国有性质、股权集中度高以及支付股息的公司，其风险承担意愿较低。此外，模型中其他变量之间的相关系数的绝对值都小于 0.4，相关程度较低，因此各个变量之间不存在多重共线性问题。

4.3.3　实证结果分析

为了克服 KV 指数计算信息披露质量指标的缺陷，本书同时依据信息披露质量的中位数，设置虚拟变量为 DISC_Dum，当公司信息披露质量大于同年度同行业中位数时取值为 1，否则为 0。表 4-4 是信息披露质量与公司风险承担的回归结果。其中，（1）和（2）列给出了 OLS 模型下的回归结果，（3）和（4）列给出了固定效应模型下的回归结果。

表4-3

主要研究变量相关性系数表

变量	Risk	DISC	Size	State	INST	MB	Lev	H₅	DD	Ages
Risk	1	0.045***	-0.036	-0.023***	-0.015***	0.030**	0.013**	-0.030***	-0.013***	0.019**
DISC	0.035***	1	-0.100**	-0.116**	-0.002	0.075**	0.012	-0.067**	-0.017	0.153**
Size	-0.038**	-0.130***	1	0.313**	0.202**	-0.593**	0.061**	0.175**	0.144**	0.078**
State	-0.035***	-0.135**	0.322**	1	0.013**	-0.323**	0.101**	0.187**	-0.076**	0.069**
INST	0.012***	-0.012	0.107**	0.013***	1	0.112**	0.003	-0.053**	0.179**	-0.193**
MB	0.024**	0.063**	-0.443**	-0.240**	0.092**	1	-0.074**	-0.080**	0.039**	-0.132**
Lev	0.026*	0.006*	0.024	0.027**	0.002*	-0.019**	1	0.002	-0.038**	0.027**
H₅	-0.034**	-0.073**	0.261**	0.192**	-0.091**	-0.061**	0.009	1	0.134**	-0.133**
DD	-0.017***	-0.014	0.144**	-0.076**	0.132**	0.006	-0.026**	0.116**	1	-0.131**
Ages	0.023***	0.227**	0.064**	0.066**	-0.100**	-0.074**	0.017*	-0.113**	-0.117**	1

注：上三角为 Spearman 相关系数相关显著性水平，下三角为 Pearson 相关系数相关显著性水平。"***"表示在 1%水平上显著，"**"表示在 5%水平上显著，"*"表示在 10%水平上显著。

表 4-4　　　　　　　　　　信息披露质量与公司风险承担

变量	OLS 模型				FE 模型			
	(1)		(2)		(3)		(4)	
	系数	t 值	系数	t 值	系数	t 值	系数	t 值
DISC	0.529 ***	4.508			0.264 ***	2.681		
DISC_Dum			0.325 ***	3.423			0.229 ***	2.584
Size	−0.020 ***	−3.204	−0.042 ***	−7.621	−0.023 ***	−3.271	−0.063 ***	−9.652
State	−1.200 ***	−1.189	−1.179 ***	−6.163	−1.201 ***	−6.384	−1.186 ***	−6.305
INST	0.172 **	4.145	0.168 ***	4.115	0.172 **	4.146	0.169 **	4.121
MB	0.008 **	3.579	0.005 ***	3.262	0.009 **	3.582	0.005 **	3.263
Lev	0.059 ***	4.101	0.041 ***	3.926	0.062 ***	4.109	0.039 ***	3.898
H_5	−0.021 ***	−7.266	−0.019 ***	−5.642	−0.021 ***	−7.268	−0.018 ***	−5.614
DD	−0.169 ***	−10.359	−0.165 ***	−9.684	−0.179 ***	−10.611	−0.168 ***	−9.465
Ages	0.006 ***	3.660	0.004	0.486	0.006 ***	3.662	0.004	0.485
Con_	12.248 ***	8.422	9.829 ***	8.324	9.036 ***	6.201	8.268 ***	6.905
Industry	Yes		Yes		Yes		Yes	
Year	Yes		Yes		Yes		Yes	
Adj_R^2	0.143		0.138		0.149		0.136	
N	20316		20316		20316		20316	

注："＊"代表在 10% 水平上显著，"＊＊"代表在 5% 水平上显著，"＊＊＊"代表在 1% 水平上显著。括号内数据为对应的 t 值。

由表 4-4 可知，(1)和(3)列中信息披露质量(DISC)对公司风险承担(Risk)的回归系数分别为 0.529 和 0.264，(2)和(4)列中信息披露质量虚拟变量(DISC_Dum)对公司风险承担的回归系数分别为 0.325 和 0.229，回归系数均在 1% 水平上显著为正。回归检验结果表明，较高的信息披露质量提高了上市公司风险承担水平和意愿，假设 4-1 得以验证，从而支持了信息披露的"治理效应"。由于我国正处于转型加新兴的市场环境下，这无疑将给我国上市信息披露制度和规范提出了更高要求，因此，在上市公司信息披露制度不断完善以及外部治理环境不断优化的环境下，信息披露质量的提高将有效缓解股东和管理者之间的代理问题和融资约束问题，从而激励管理者积极承担风险，导致信息披露质量与公司风险承担呈现正向关系。

控制变量方面，公司规模与风险承担显著负相关，说明上市公司的资产规模越大，公司越不愿意承担风险；产权性质与风险承担显著负相关，表明相对于国有企业，非国有企业更愿意承担更多风险投资项目，风险承担的意愿和水平更强烈；股权集中度与风险承担显著负相关，说明公司股权越集中于少数股东手中时，公司越不愿意承担风险；当公司向股东支付越多股利时，公司风险承担的意愿越低；机构投资者持股、公司成长性、资产负债率以及公司上市年限也均与风险承担显著正相关，说明这些指标值越大时，上市公司的风险承担水平越高。

4.4 稳健性检验

4.4.1 内生性问题

首先，本书假设信息披露质量与公司风险承担相关，即信息披露质量能够影响公司风险承担，而公司对未来风险承担的感知也可能会影响公司的信息披露政策，因此两者可能存在反向因果关系。Albring 和 Xu（2018）发现，公司在当年或者后一年是否发行股票或债券与信息披露直接相关，但是与公司风险承担并非相关，因此本书引入"公司是否发行股票或债券"作为工具变量，采用两阶段最小二乘法（2SLS）建立联立方程组以减少自变量和因变量之间可能产生的误差。使用公式（4-6）和公式（4-5）构建联立方程组，表 4-5 列示了信息披露质量（DISC）与公司风险承担（Risk）的因果关系检验结果。

$$\text{DISC}_{i,\,t} = \beta_0 + \beta_1 \text{Risk}_{i,\,t+1} + \beta_2 \text{MV}_{i,\,t} + \beta_3 \text{Sretvol}_{i,\,t} + \beta_4 \text{Issue}_{i,\,t}$$
$$+ \beta_5 \text{Earnvol}_{i,\,t} + \beta_6 \text{Return}_{i,\,t} + \beta_7 \text{Badnews}_{i,\,t} \qquad (4\text{-}6)$$
$$+ \beta_8 \text{Segment}_{i,\,t} + \eta_{i,\,t}$$

其中，Issue 表示公司是否发行债券，如果公司在当年发行债券则取值为 1，否则为 0；Earnvol 表示盈余波动性，用过去 5 年的年收益标准差测量；Sretvol 表示股票收益波动性，用过去 5 年的月股票收益标准差度量；MV 表示股票的市场价值，等于股票市场价值的自然对数；MSH 表示管理层持股比例；Return 表示股票收益；Badnews 表示公司年股票收益是否小于 0，如果小于 0 则取值为 1，否则为 0；Segment 表示公司业务部门的数量。检验结果表明本书的研究是稳健的。

其次，为了进一步减少基本研究模型中可能存在的内生性问题，本书将滞后 2 期和 3 期的信息披露质量对公司风险承担进行回归，并对样本进行重新设定。检验结果均与基本回归结果基本一致，说明本书的研究结论较为稳健。

表 4-5　　**信息披露质量与公司风险承担的因果关系检验**

变量	DISC		Risk	
	系数	t 值	系数	t 值
DISC			1.601***	4.492
Size			−0.091***	−9.361
INST			0.048*	1.686
MB			0.005**	3.256
Lev			−0.035***	−3.989
H5			−0.013**	−4.032
DD			−0.648***	−2.725

变量	DISC		Risk	
	系数	t 值	系数	t 值
Ages			0.064^{**}	3.292
Earnvol	-1.842^{***}	-4.562		
Sretvol	1.264^{***}	5.523		
Issue	0.611^{**}	4.059		
MV	0.121	3.258		
Return	0.145^{**}	2.236		
Badnews	0.158^{***}	5.086		
Segment	0.071^{**}	6.687		
Risk	2.031^{***}	8.832		
Con_	2.485^{***}	23.140	3.912^{***}	3.651
Industry	Yes		Yes	
Year	Yes		Yes	
Adj_R^2	0.372		0.291	
N	20316		20316	

注：“ * ”代表在10%水平上显著，“ ** ”代表在5%水平上显著，“ *** ”代表在1%水平上显著。

4.4.2　其他稳健性检验

首先，由于股票收益率不受财务报告的约束，因此它可以更好地反映公司风险承担水平。借鉴 Coles 等（2006）、宋建波和田悦（2012）以及苏坤（2015）的研究方法，本书采用年化日收益率标准差的对数值度量公司风险承担水平。

$$\text{Risk}_{i,j,t} = \text{Ln}\sqrt{\frac{1}{T}\sum_{t=1}^{T}\left(r_{i,j,t} - \frac{1}{T}\sum_{t=1}^{T}r_{i,j,t}\right)^2} \qquad (4\text{-}7)$$

其中，$Risk_{i,j,t}$ 为公司风险承担水平，$r_{i,j,t}$ 为第 i 个公司在第 j 年内第 t 日的收益率，T 为当年年度内总日数。实证检验结果与之前的检验结果一致。

其次，采用深交所信息披露考核评级作为信息披露质量的替代变量，并对样本进行筛选，共有 9545 个深市样本，并按照模型(4-5)对信息披露质量和公司风险承担的关系进行再次回归，研究结果依然保持稳健。

4.5　进一步研究：管理层持股的影响效应

管理层持股激励影响了公司信息披露环境下的风险承担意愿和水平。管理层持股是一种长期激励，风险承担反映的是企业长期投资行为，长期激励机制在促进公司风险承担方面发挥着关键作用。大量经验证据表明，管理层持股会影响公司风险承担行为。沈红波等(2012)认为，管理层持股激励是一种重要的公司治理机制，有助于降低管理层的短期行为，促进企业长期发展。宋建波等(2012)提出，我国资本市场中上市公司管理层持股比例相对较低，一般不超过25%，在利益趋同效应下，管理层持股将减弱管理层和股东目标的偏离程度，增强了管理者提升公司价值的决策动机。李小荣和张瑞君(2014)也认为，在代理成本假说下，管理者持股可以降低代理冲突，提高公司风险承担水平。Coles 等(2006)和苏坤(2015)也提出，股权激励有助于管理层克服风险规避倾向，促使管理层更注重公司长期利益，降低公司代理问题，进而促进公司风险承担。

公司治理理论认为，管理层持股比例的增加有助于促进管理者和投资者利益趋同，进而激励管理者承担风险。作为解决代理问题的一种有效公司治理机制，管理层持股激励促使管理者和公司利润共享、风险共担，进而促使管理者能够按照公司股东利益最大化原则进行经营，从而减少或者消除管理者短视行为，减少管理者追求私人收益动机，而这一行为动机显著降低了企业风险承担水平。Kim 等(2011)发现，对于中国这样正处于经济转型期的国家，信息不对称程度更为严重，而管理层持股激励的实施将有效降低信息不对称程度，因此，给予管理层一定的持股激励将有利于降低风险承担规避倾向，促进公司风险承担水平的提高。

信号传递理论也认为，持有大量公司股权的管理者可能具有长远眼光，他们会倾向于向市场传递出不会攫取公司资源和侵占股东利益的信号，给予管理者一定的持股激励可以缓解管理层风险规避效应；同时，管理层持股价值随公司价值变动而变动，并激励他们承担风险投资项目，并因此提高公司风险承担水平。因此，随着管理层持股激励水平的提高，管理层和股东之间的代理问题逐渐降低，他们的利益更趋于一致，管理层持股比例的上升会传递出企业质量良好的积极信号，从而促使公司不断提高信息披露质量，进而提高公司风险承担水平。因此，基于管理层持股激励所具有的显著效应，管理层持股激励又将如何影响信息披露质量和公司风险承担的关系呢？

为检验管理层持股激励对信息披露质量和公司风险承担关系的影响，本书在模型(4-5)的基础上加入管理层持股(MSH)的调节变量，得到如下模型(4-8)。

$$
\begin{aligned}
\text{Risk}_{i,\,t+1} =& \beta_0 + \beta_1 \text{DISC}_{i,\,t} + \beta_2 \text{MSH}_{i,\,t} + \beta_3 \text{DISC}_{i,\,} \times \text{MSH}_{i,\,} + \beta_4 \text{Size}_{i,\,} \\
& + \beta_5 \text{INST}_{i,\,} + \beta_6 \text{MB}_{i,\,} + \beta_7 \text{Lev}_{i,\,} + \beta_8 \text{H}_{5i,\,} + \beta_9 \text{DD}_{i,\,} \\
& + \beta_{10} \text{Ages}_{i,\,} + \sum \text{Industry} + \sum \text{Year} + \eta_{i,\,t}
\end{aligned}
$$

$$(4\text{-}8)$$

模型(4-8)中，如果信息披露质量和管理层持股激励的交互项系数 β_3 为正，则表明管理层持股激励可以增强信息披露质量和公司风险承担之间的关系，否则会减弱两者的关系。本书选择所有高管团队成员所持普通股占公司总流通股的比例作为管理层持股激励的度量指标，其中高管包含总经理、总裁、CEO、副总经理、副总裁、董秘和年报上公布的其他管理人员。为进一步检验管理层持股激励对信息披露质量与公司风险承担关系的影响，本书将管理层持股比例设置为虚拟变量，当管理层持股比例高于同年度同行业上市公司管理层持股比例中位数时为高持股组，取值为1，否则为低持股组，取值为0。

根据回归模型(4-8)，表4-6给出了管理层持股激励对信息披露质量与公司风险承担关系影响的回归结果。在表4-6中，(1)列给出高持股激励回归结果，(2)列给出的是低持股激励回归结果，(3)列表示的是采用模型(6)的回归结果。从(1)和(2)列可知，在持股激励下，信息披露质量对公司风险承担影响的回归系数为0.524，在1%水平下显著正相关；在低持股激励下，信息披露质量对公司风险承担影响的回归系数为0.153，在10%水平下显著正相关；(3)列中 MSH * DISC 的回归系数在1%水平上显著为正，以上结果支持了进一步研究的成立，即管理层持股激励能够增强信息披露质量与公司风险承担的关系，且这种影响在高管理层持股组中更显著。原因可能在于，随着管理层持股比例的提高，管理层与股东之间的利益逐渐保持一致，而且管理层薪酬与公司业绩存在紧密联系，通过承担风险投资项目，管理层不仅可以通过努力提高公司业绩，而且可能会获得更多激励薪酬，因此管理层持股激励的存在对公司风险承担行为存在积极的促进效应。

表4-6　　　　管理层持股激励、信息披露质量与公司风险承担

变量	（1）	（2）	（3）
	高持股	低持股	交互项
DISC	0.524 *** (2.941)	0.153 * (1.136)	0.412 ** (2.059)
MSH			0.235 *** (2.814)
MSH * DISC			0.549 *** (2.102)
Size	−0.005 * (−1.341)	−0.003 * (−1.248)	−0.007 ** (−2.223)
State	−1.102 *** (−3.124)	−1.524 *** (−6.238)	−1.386 *** (−5.861)
INST	0.014 * (1.592)	0.013 * (1.590)	0.016 ** (2.056)
MB	0.169 ** (3.471)	0.107 * (2.372)	0.238 ** (3.982)
Lev	0.081 *** (4.469)	0.078 *** (4.348)	0.081 *** (0.512)
H_5	−0.185 *** (−3.125)	−0.016(−1.286)	−0.140 *** (−3.492)

续表

变量	(1)	(2)	(3)
	高持股	低持股	交互项
DD	−0.112**(−2.106)	−0.080*(−0.386)	−0.125***(−2.352)
Ages	0.058**(3.024)	0.045**(2.232)	0.089***(3.884)
Con_	10.954***(6.845)	5.231***(3.468)	11.120***(5.627)
Industry	Yes	Yes	Yes
Year	Yes	Yes	Yes
Adj_R^2	0.192	0.184	0.178
N	10158	10158	20316

注:"*"代表在10%水平上显著,"**"代表在5%水平上显著,"***"代表在1%水平上显著。括号内数据为对应的 t 值。

4.6 本 章 小 结

信息披露效应一直是理论界和学术界研究的热点问题之一。本章基于信息披露理论和公司治理理论,以中国资本市场信息披露环境为研究背景,利用2010—2020年沪深 A 股上市公司为样本,研究了信息披露质量对公司风险承担的影响,实证结果发现,较高的信息披露质量能够有效缓解代理问题和融资约束问题,提高公司风险承担水平,进而验证了信息披露的"治理效应";在控制了内生性问题并进行稳健性检验之后,该研究结论依然成立。进一步研究发现,管理层持股激励能够显著增强信息披露质量和公司风险承担的正向关系,且这种影响关系在高管理层持股组中更显著。

信息披露是投资者据以做出合理投资决策的重要参考,高质量信息披露不仅有助于缓解代理问题和融资约束问题,而且提高了管理层风险承担意愿,进而提高公司风险承担水平。本章是在我国信息披露质量整体水平不断提高的背景下，基于信息披露质量的视角对公司风险承担的首次研究尝试，不仅丰富了信息披露和公司风险承担的研究内容，而且对理论界和学术界都有一定的启示作用。理论方面，本章从信息披露这一独特研究视角，剖析信息披露质量参与公司治理机制以及产生的经济后果，拓展了已有信息披露的文献研究。实践方面，信息披露质量能够有效缓解代理问题和融资约束问题，提高公司风险承担水平，体现了其参与公司治理的积极作用，为监管部门进一步规范上市公司信息披露行为，完善上市公司信息披露制度提供了参考价值。同时，风险承担反映了公司投资决策的风险选择，并影响公司的长期发展和社会经济增长，因此公司在决策过程中，应该有效识别并重视风险高但预期净现值为正的投资项目，提升公司竞争优势并合理利用投资机会，从而促进公司长远发展。此外，管理层持股作为一种有效的长期激励机制，对公司治理起着重要作用，不仅可以改善上市公司信息披露制度环境，而且提高了公司风险承担水平，为此，我国相关部门和上市公司应该不断完善上市公司管理层激励机制，鼓励管理层积极进行合理的风险投资项目，促进公司长期发展，并促进我国资本市场健康发展和经济增长。

第5章 信息披露质量对公司权益资本成本的影响研究

在当前的现实生活中,广大投资者直接参与公司的日常经营活动的可能性较小,又不可能随时对企业进行实地调查,所以导致他们对企业具体经营模式、经营战略、财务信息以及公司确切的盈亏情况了解不透彻,因此这些上市公司公开披露的信息的重要性不言而喻,它们通常是投资者做出决策唯一的依据。信息披露可以有效缓解代理冲突和信息风险,而资本成本是投资者预期获得的最低收益,可用于度量财务报告是否达到决策者使用相关信息的目的。国外学者大多以发达国家资本市场为背景,基于资本资产定价模型(CAPM)构建理论研究模型,并一致认为更多的信息披露能够降低风险溢价、吸引更多分析师关注、缓解信息不对称、提高股票流动性,进而降低资本成本(Christensen 等,2010;Lambert 等,2007;Cheynel,2013)。因此,信息披露被认为是缓解经营权和所有权分离产生的代理冲突和信息风险的一种有效的内部治理机制。

资本成本是商业资产的投资者要求获得的预期收益率,以价值最大化为目标的企业评价投资项目的贴现率或者最低回报率①。其是基于债权人和投资者提供资金使用权而向资金需求方要求的收益补偿,不管是债务资本还是权益资本成本,都是债权人和投资者基于对市场和企业经营状况的预期风险进行评估,进而要求的资产投入回报率②。作为一项重要的财务

---

① 汪平. 股东财富与投融资决策[M]. 北京:财政经济出版社,2007.
② 田彩英. 上市公司融资行为的资本成本敏感性研究[D]. 北京:首都经济贸易大学,2013.

指标，特别是作为评价投资项目的最低回报率，资本成本经常被用于企业的各项投融资决策体系中，不仅影响到公司的资本结构，而且还会影响到企业经营活动的方方面面。

我国市场经济处于快速发展时期，企业的成长是我国经济发展的载体，而成长性是衡量企业经营状况和发展前景的一个重要指标，对于不同成长性的上市公司，其面临的融资成本、诉讼成本和专有成本等存在差异，因此在自愿性信息和强制性信息披露上不尽相同（Core，2001）。本书以我国现有信息披露制度和资本市场特点为研究背景，从公司成长性角度检验信息披露质量对权益资本成本的影响，从新的视角分析信息披露效应以及公司成长性差异对两者关系的影响。

5.1　信息披露质量对公司资本成本的影响机理分析

5.1.1　信息披露质量对公司资本成本的影响

信息不对称理论认为市场交易中至少有一方拥有相关信息，双方在信息量上存在不对等性。市场参与者的信息不对称妨碍了低交易成本且价格合理的资产顺利交易，投资者和管理者之间存在信息不对称，引发了逆向选择和道德风险问题，并降低股票流动性和提高投资者预期收益（Leuz 和 Verrecchia，2000）。信号传递理论认为公司将确定信息及时传递给投资者以吸引更多投资并提高公司声誉，可以有效缓解参与主体之间的信息不对称问题（Verrecchia，1983）。

从企业自身角度而言，信息披露降低了投资者对公司未来现金流和预期收益的不确定性，增加了上市公司财务信息的透明度，从而使投资者可以根据获取到的信息对公司未来股票价格和风险因素进行合理判断，降低对企业风险的评估。对于公司业绩和财务状况较好的上市公司，其披露公司信息的意愿更为强烈，从而提高公司在资本市场上的信息透明度，改善公司自身形象，从而为投资者提供更多投资决策信息，不断提高股票流动性，在降低投资者风险的同时降低股票交易成本从而达到降低资本成本的目的。

资本市场上有两种效应导致信息披露质量与资本成本呈负相关。一种是信息效应，即当公司预期现金流固定时，信息披露降低了现金流的协方差，提高了投资者未来现金流的预期值，市场组合中公司现金流和股票现金流的协方差也将降低，并造成资本成本降低。另一种是管理者效应，当现金流协方差固定时，信息披露提高了市场监督管理者的能力，确保管理者和股东利益的一致性（Lambert 等，2007）。理论研究认为权益资本成本随着信息披露质量的提高而下降，源于更多信息披露降低了投资者对未来现金流和预期收益的不确定性，资本成本随着未来现金流信息准度的增加而降低（Lambert 等，2007）。然而理论研究只关注信息披露的事后效应，而信息披露事前效应同样会对风险溢价和资本成本产生影响（Ellahie 等，2016），信息披露的事前和事后效应会同时出现在财务报告期间。投资者预期收益包括股利收益和资本收益，风险溢价均衡是由股利风险和资产转售风险所决定的，信息披露降低了未来现金流的条件方差，从而降低投资者股利风险溢价。然而，从当前股东角度而言，信息披露增加了未来股价的波动性，这无疑会增加资产转售价格引起的风险溢价。因此，本书预计随着信息披露质量的不断提高，公司的资本成本不断得以降低。因此，基于以上分析，本书提出如下假设：

假设 5-1：信息披露质量能够降低公司资本成本。

5.1.2 成长性差异对信息披露质量与公司资本成本的影响

对于快速成长的公司而言，一方面，公司的未来现金流反映了新的大型项目的投资状况，因此投资者更关注其资产转售价格风险，较少关注股利风险，以支持成长性公司投资机会的资金需求，而且这些公司大多为新兴行业，面临的经营风险较大，股东要求的投资报酬率就会相对较高，从而造成整体风险溢价随着信息披露的增加而增加（Dutta 和 Nezlobin，2017）。同时，对于高增长机会的企业而言，强制性信息披露质量低且参与主体间信息不对称程度高，除了强制性信息披露之外，自愿性信息披露质量的提高可以达到降低信息不对称的目的。另一方面，新的更多的投资机会伴随着更大的风险和不确定性（杨兴全和吴昊旻，2011），管理层拥有更多关于未来投资项目价值的私人信息，加剧了管理层和股东之间的代理问题，也就造成了高成长性公司出现更为严重的信息不对称问题，这必将促使投资者提出更高的风险补偿要求，加大风险溢价，并导致权益资本成本的提高。而对于低成长性企业，由于投资者对企业未来股利的不确定性主导整体风险溢价，加上它们没有外部融资的需求，具有较低的法律诉讼成本以及较低的激励和专有成本，几乎不进行自愿性信息披露，因此强制性信息披露可能提供充分的高质量信息以降低信息不对称，满足利益相关者的信息需求，因此信息披露的增加降低了风险溢价和资本成本。

公司治理环境和制度背景差异也会影响投资者的决策（Hutchinson 和 Gul，2004），因此投资者同样会关注上市公司的成长性，根据公司的成长性做出有效的投资决策（李虹等，2018）。Myers（1977）认为公司未来价值主要体现在其成长性上，它是企业价值增值的源泉。对于任何一个企业而言，成长性是其获得持续发展的动力，因此进一步研究成长性对信息披露和资本成本之间的关系具有重要意义。胡亚权和周宏（2012）认为公司成长性水平显著影响高管薪酬和相对业绩评价的关系，公司成长性越高，相对业绩评价的使用程度就越低，可以降低高管面临的外在冲击带来的风险。Ellahie 和 Hayes（2016）从公司成长性角度研究信息披露和风险溢价的关系，认为存在一个阈值增长率，当长期增长率高于（低于）阈值时，信息披露与风险溢价正（负）相关。Dutta 和 Nezlobin（2017）通过构建动态分析模型也得出同样的结论，即公司成长性差异会影响信息披露与资本成本或风险溢价之间的关系。事实上，上述国外学者的研究大多基于欧美等发达资本市场背景展开研究，而我国是一个资本市场相对不均衡的国家，在制度环境、金融监管环境和法律制度等方面存在较大差异（Dutta 和 Nezlobin，2017）。

对上市公司股东而言，公司的成长性越高，市场投资者越会关注公司的股票，从而带来较低的股权融资成本。而对于债权人而言，高成长性意味着更多的不确定性，因此债权人为了确保资产安全，必然要求得到更多的风险补偿，从而使上市公司产生较高的融资成本。可以看出，公司成长性会通过信息披露对权益资本成本造成一定影响。因此，基于以上分析，本书提出以下假设：

假设5-2：公司成长性对信息披露质量与权益资本成本的关系具有调节作用。成长性高的上市公司，其信息披露质量越高，权益资本成本越低。

5.1.3 控股权性质的影响差异

控股权性质差异会影响公司信息披露质量（伊志宏等，2010），也会影响公司权益资本成本（徐珊和黄健柏，2015）。与发达国家资本市场中国有控股企业不同，我国市场经济体制中国有企业既是政府干预经济的手段，也是政府参与市场经济的手段。政治关联及"关系网"的存在，可能会造成政府资源分配的不均等、信息不透明，上市公司为了获得更多的资源分配，必将花费更多成本，进而影响上市公司信息披露质量。

2015年《关于深化国有企业改革的指导意见》提出要大力推动国有企业改制上市，多数国有企业在达到上市条件后进入资本市场，而且占比随之提高，其治理环境和监管环境得到了很大程度提高，但是由于政府控制能力和政治层级的存在，他们依然有能力影响这些公司的决策行为。政治关系使国有控股上市公司可以获得相对较多的社会资本，其面临的风险影响较小，加上政府政策的影响，国有控股上市公司通过信息披露降低权益资本成本的意愿相对较弱。

高成长性企业大多具有较快的发展速度，具有较高的增值潜力，且多属于前景好的朝阳行业。在这些企业中，相对于非国有控股上市公司，国有控股上市公司更有可能受到政府及相关部门的干预和直接影响，而且国有控股上市公司在政府关系和资源分配等方面具有一定优势，且较高层级的国有控股上市公司承担较重的政策负担，因此，它们具有较低的信息披露动机，通常会披露数量较少的公司信息（徐广成等，2016）。

行政干预对非国有控股上市公司的影响相对较小，在政治关系获取方面亦处于劣势，它们通常自己承担经营风险，不存在各级政府作为其最后的"拯救者"或"赎买者"挽救它们的可能，且经营失败的风险要由股东自己承担（刘启亮等，2012），因此，非控股国有上市公司投资者往往要求更高的投资回报率。因此，它们会更加积极地披露更多公司信息，以降低投资者的风险溢价，降低股票流动性风险，达到降低权益资本成本的目的。此外，非国有控股上市公司承担的政策负担较小，经营目标相对比较明确，由于政治资源和"关系网"的缺失，它们通常会加大信息披露的数量和质量以减少"资源短缺"问题，因此，基于信号传递理论，非国有控股上市公司管理层进行信息披露的动机更强，更愿意披露更多公司信息以降低权益资本成本。因此，基于以上分析，本书提出以下假设：

假设 5-3a：成长性高的样本组中，非国有控股上市公司信息披露质量对权益资本成本的影响相对更显著。

假设 5-3b：成长性低的样本组中，国有控股上市公司信息披露质量对权益资本成本的影响相对更显著。

5.2 研 究 设 计

5.2.1 样本选取与数据来源

本书选取 2011—2020 年所有沪深 A 股上市公司的数据，相关数据来源于国泰安数据库（CSMAR）、万德（WIND）数据库和锐思（RESSET）数据库，包括上市公司基本财务数据和其他相关数据。在此基础上，按照以下标准对数据进行筛选：（1）由于金融、保险类上市公司与其他行业存在监管和财务特征的差异，因此剔除 WIND 行业和 CSMAR 行业分类中金融业、银行以及证监会行业中资本市场服务业等类型的上市公司；(2)剔除 ST 及 ST * 公司；(3)剔除数据缺失、资料不全的公司，并剔除市盈率小于 0 的上市公司；(4)为减少极端值对计算结果的影响，对所有变量进行上下 1% 的 Winsorize 处理；(5)剔除没有分析师预测数据，每股收益差额 $\Delta \text{EPS} = \text{EPS}_{i,\ t+2} - \text{EPS}_{i,\ t+1} < 0$ 以及上市不足三年的公司。由于权益资本成本的计算涉及 $t+1$，$t+2$ 时期的数据，因此上市公司财务数据的实际涵盖时间为 2010—2021 年。经过整理，最终得到 2011—2020 年所有沪深两市 1913 家上市公司共 9874 个观测值。

5.2.2　变量选取与定义

1. 信息披露质量指数

本书借鉴 Botosan(1997)、张学勇和廖理(2010)等的研究方法，构建信息披露指数来度量信息披露水平，同时结合《公开发行证券的公司信息披露内容与格式准则第 2 号——年度报告的内容与格式(2016 年)》的要求，并根据各个上市公司的具体信息披露情况，构建上市公司信息披露指数。

具体构建过程如下：首先，借鉴以上研究方法，将上市公司披露的信息分为五种类型：公司背景介绍；公司财务数据；关键非财务数据；预测信息；管理层分析与讨论。其次，结合我国上市公司年报信息披露要求，剔除了一些基本的信息披露语言表述，共有 128 项信息披露内容。然后，根据各个上市公司年报对相关项目进行打分。本书设置以下打分标准：如果上市公司不披露该项目任何信息，赋值 0 分；如果上市公司披露相关信息，赋值 1 分。最后，将每个上市公司计算出来的信息披露分值总和除以所有信息披露项目总和，即可得到信息披露质量指数。

2. 权益资本成本

如何测定公司的权益资本成本，目前尚未得出统一的结论。目前学术界对权益资本成本的测量主要有以下两类方法：（1）事后权益资本成本测度方法。包括资本资产定价模型（CAPM 模型）、三因素模型（FFM 模型）、套利定价模型（APT 模型）；（2）事前权益资本成本测度方法。包括隐含的权益资本成本（ICC）、戈登增长模型（GGM）、剩余收益模型（GLS 模型）、非正常盈余增长模型（PEG 模型）。

李慧云和刘镝（2016）认为 PEG 估计模型可能更适合于估算中国资本市场上市公司的权益资本成本，毛新述和叶康涛（2012）也认为 PEG 模型计算权益资本成本能更好地捕捉到我国证券市场中各个风险因素的影响，而 GLS 等其他模型的表现不够理想。PEG 模型是综合考察价值和成长性的最为普遍的一种方法，这种方法需要根据分析师对后两期的公司盈利预测或估计来估算公司的权益资本成本，一定程度上可以降低非正常收益增长及股利支付率变化对权益资本成本的影响。因此本书选用 PEG 模型计算权益资本成本，计算公式如下：

$$R_{i,t} = \sqrt{\frac{\text{EPS}_{i,t+2} - \text{EPS}_{i,t+1}}{P_{i,t}}} \tag{5-1}$$

其中，$R_{i,t}$ 表示 i 公司在 t 时期的权益资本成本，$\text{EPS}_{i,t+1}$ 表示 i 公司在 $t+1$ 时期末的每股收益值，$\text{EPS}_{i,t+2}$ 表示 i 公司在 $t+2$ 时期末的每股收益值，$P_{i,t}$ 表示 i 公司在 t 时期末的股票收盘价格。

3. 公司成长性

已有公司成长性的衡量主要有两种方法：（1）单一指标法。如营业收入增长率、市净率、市盈率；（2）多指标综合法。如企业家素质与管理能力（企业管理层能力、企业战略选择与企业利润增长能力、销售收入增长率、总资产增长率、净利润增长率和市值增长率）。本书参考胡亚权和周宏等（2012）的研究方法，选取营业收入增长率（Growth）作为公司成长性的替代变量。同时，为了保证实证结果的稳健性，我们选取市净率指标作为稳健性检验中公司成长性的替代变量。

4. 控股权性质

根据上市公司控股权性质的差异，将样本分为国有控股上市公司和非国有控股上市公司，设置虚拟变量 STATE，当上市公司为国有控股时，STATE＝1，否则取 0。

5. 控制变量

根据已有国内外文献研究结果，影响上市公司权益资本成本的因素主要包括：股票流动性（LIQUID）、公司规模（SIZE）、财务风险（LEV）、系统风险（BETA）、盈利能力（ROA）、账市比（MB）、第一大股东持股比例（SHR）（Ashbaugh 等，2009；罗琦和王悦歌，2015）。本书选取以上变量作为信息披露质量和权益资本成本的控制变量。相关变量定义如表 5-1 所示。

表 5-1   变　量　定　义

变量性质	变量符号	变量名称	变 量 定 义
被解释变量	R	权益资本成本	根据公式(5-1)计算
解释变量	DISC	信息披露质量指数	借鉴 Botosan 等信息披露质量指数构建方法
	STATE	控股权性质	国有控股上市公司则取值为 1，否则为 0
调节变量	GROWTH	公司成长性	营业收入增长率
控制变量	LIQUID	股票流动性	股票年换手率
	SIZE	公司规模	年末公司资产的自然对数
	LEV	财务风险	年末公司资产负债率
	BETA	系统风险	$\beta_i = \mathrm{Cov}(R_i, R_m)/\sigma_m^2$
	ROA	盈利能力	(利润总额+利息收入)/资产总额
	MB	账市比	年末股票账面价值与市场价值的比值
	SHR	第一大股东持股比例	年末第一大股东持有公司股票数占比

5.2.3　模型设计

为了研究公司成长性对信息披露质量和权益资本成本之间的关系是否具有调节作用，借鉴李慧云和刘镝(2016)的研究方法，构建公式(5-2)用于检验假设 5-1：

$$R_{i,t} = \mu_0 + \mu_1 \text{DISC}_{i,t-1} + \mu_i \sum \text{Control}_{i,t} + \varepsilon_{i,t} \tag{5-2}$$

$$R_{i,t} = \alpha_0 + \alpha_1 \text{DISC}_{i,t-1} + \alpha_2 \text{Growth}_{i,t} + \alpha_3 \text{DISC}_{i,t-1} \times \text{Growth}_{i,t}$$
$$+ \alpha_i \sum \text{Control}_{i,t} + \varepsilon_{i,t}$$

$$\tag{5-3}$$

公式(5-2)用于度量信息披露质量和权益资本成本之间的关系。为了控制信息披露质量与权益资本成本之间可能产生的内生性问题，本书将信息披露质量指数进行滞后一期的处理。公式(5-3)中，如果交叉项系数 α_3 显著为正，则表明成长性能够减弱信息披露质量和权益资本成本之间的负相关关系；如果为负，则增强两者之间的关系。同时，如果公式(5-3)中 $\alpha_1 + \alpha_3 \times \text{Growth} < \mu_1$，则说明在成长性高的上市公司中，信息披露质量指数越高，权益资本成本越低。

固定效应模型可以解决研究中可能存在的遗漏变量问题，通过 Hausman 检验，可以发现模型的检验结果对应的 P 值为 0.041，小于 0.05，因此本书所使用的模型可以解决可能存在的变量遗漏问题。

参考方杰和温忠麟等(2015)基于多元回归调节变量的检验方法，构建调节变量中心化模型考察调节效应，计算公式如(5-4)所示：

$$Y = i + a'(X - \overline{X}) + b'(Z - \overline{Z}) + c'(X - \overline{X})(Z - \overline{Z}) + \varepsilon' \tag{5-4}$$

公式(5-4)中，Y 表示因变量权益资本成本，X 表示自变量信息披露质量，Z 表示调节变量公司成长性，$\overline{Y}$、$\overline{X}$ 和 $\overline{Z}$ 分别表示上述变量的均值，ε 表示残差项，其他符号表示对应的系数。

此外，为了研究不同成长性公司中，控股权性质差异对信息披露质量和权益资本成本之间的影响关系，在公式(5-3)的基础上加入 STATE 解释变量进行分组研究，得到计算公式(5-5)：

$$R_{i,t} = \beta_0 + \beta_1 \text{DISC}_{i,t-1} + \beta_2 \text{Growth}_{i,t} + \beta_3 \text{DISC}_{i,t-1} \times \text{Growth}_{i,t} +$$

$$\beta_4 \text{STATE}_{i,t} + \alpha_i \sum \text{Control}_{i,t} + \varepsilon_{i,t}$$

$$(5\text{-}5)$$

5.3 信息披露质量对公司资本成本的影响结果分析

5.3.1 描述性统计

为了便于分析成长性对信息披露质量和权益资本成本之间的关系存在影响，我们根据成长性水平差异将总样本分为两个子样本组，以此来检验成长性差异下，信息披露质量对权益资本成本的影响差异。具体而言，按照公司成长性中位数将总样本公司分类为高成长性公司子样本(HG)和低成长性公司子样本(LG)，同时根据两组样本内信息披露质量的中位数细分为信息披露质量高(HI)和信息披露质量水平低(LI)两组。最后得到(HG，HI)、(HG，LI)、(LG，HI)和(LG，LI)四个子样本组对应的样本数分别为 2298，2622，2522 和 2402。表 5-2 给出了分组后主要变量的描述性统计结果。

从表 5-2 中的分组结果可以看出，在高成长性公司(HG)组中，(HG，HI)子样本组中上市公司权益资本成本的均值、中位数和标准差分别为 0.113、0.091 和 0.087，(HG，LI)子样本组权益资本成本均值、中位数和标准差分别为 0.110、0.091 和 0.077。在低成长性公司(LG)组中，(LG，HI)子样本组中上市公司权益资本成本的均值、中位数和标准差为 0.132，

表 5-2

分组后主要变量的描述性统计

变量	HG 组 (N=4920)						LG 组 (N=4954)					
	(HG, HI) N=2298			(HG, LI) N=2622			(LG, HI) N=2552			(LG, LI) N=2402		
	均值	中位数	标准差	均值	中位数	标准差	均值	中位数	标准差	均值	中位数	标准差
R	0.113	0.091	0.087	0.110	0.091	0.077	0.132	0.105	0.097	0.129	0.104	0.096
DISC	0.793	0.794	0.052	0.655	0.668	0.052	0.794	0.794	0.052	0.653	0.669	0.055
GROWTH	1.120	0.249	13.556	1.316	0.248	20.554	-0.056	-0.017	0.144	-0.066	-0.020	0.154
SIZE	22.194	22.030	1.302	22.220	22.038	1.303	22.113	21.926	1.347	22.171	22.025	1.369
LEV	0.411	0.410	0.216	0.412	0.409	0.218	0.394	0.371	0.220	0.395	0.385	0.210
SHR	35.526	34.010	15.471	36.099	34.365	15.839	35.546	33.370	15.513	35.780	33.430	15.829
ROA	0.054	0.042	0.049	0.057	0.045	0.050	0.039	0.026	0.044	0.040	0.027	0.062
MB	0.960	0.659	1.005	1.016	0.656	1.061	1.040	0.720	1.032	1.086	0.750	1.126
LIQUID	5.987	6.049	0.749	5.962	6.025	0.743	6.035	6.077	0.706	6.002	6.034	0.752
BETA	1.019	1.013	0.450	1.046	1.058	0.590	1.054	1.045	0.444	1.058	1.049	0.426

0.105 和 0.097，(LG，LI)子样本组中上市公司权益资本成本均值、中位数和标准差为 0.129，0.104 和 0.096。综合上述数据对比结果可以看出，在按照公司成长性对总样本进行分组后，相对于低成长性上市公司样本组，高成长性上市公司子样本信息披露质量水平较高时，其权益资本成本相对较低，而信息披露质量较低时，权益资本成本相对较高。这也初步验证了信息披露质量与权益资本成本呈负相关的结论是成立的，与前述研究结论一致。此外，统计结果初步表明，在成长性差异下，信息披露质量与权益资本成本之间的相关性会存在一定差异，同时也为我们研究成长性差异对信息披露质量和权益资本成本关系的调节作用提供了较好的条件。

5.3.2　相关性分析

首先，我们对主要变量间的相关性进行检验，表 5-3 给出了 Pearson 和 Spearman 的相关性检验结果。可以看出，不管是 Pearson 相关性还是 Spearman 相关性检验，结果一致表明信息披露质量与权益资本成本均在 5% 水平上显著负相关，成长性分别与权益资本成本和信息披露在 5% 水平上显著负相关和显著正相关。此外，表 5-3 中各个相关系数绝对值均没有超过变量共线性判断临界值 0.75，说明变量之间不存在多重共线性问题，从而可以进行下一步分析。

5.3.3　调节效应检验

借鉴温忠麟等(2015)、李慧云和刘镝等(2016)关于调节变量的检验方法，使用公式(5-4)结合分组回归方法检验成长性差异的调节作用，结果如表 5-4 所示。

表 5-3　　主要变量间的相关系数

	R	DISC	GROWTH	SIZE	LEV	SHR	ROA	MB	LIQUID	BETA
R	1.000	-0.142**	-0.109**	0.119**	0.153**	-0.021	-0.223**	0.233**	-0.031*	0.027
DISC	-0.135**	1.000	0.054**	-0.007	0.003	-0.006	-0.027	-0.006	0.028	-0.015
GROWTH	-0.105**	0.051**	1.000	0.039**	0.038**	0.009	0.258**	-0.055**	-0.037**	-0.009
SIZE	0.129**	0.008	0.014	1.000	0.367**	0.244**	-0.055**	0.643**	-0.268**	-0.054**
LEV	0.181**	0.011	0.004	0.347**	1.000	0.062**	-0.316**	0.536**	-0.125**	0.016
SHR	-0.004	-0.009	0.023	0.276**	0.061**	1.000	0.079**	0.158**	-0.237**	-0.011
ROA	-0.183**	-0.014	0.068**	-0.075**	-0.253**	0.056**	1.000	-0.355**	-0.128**	-0.157**
MB	0.249**	0.009	0.003	0.623**	0.475**	0.139**	-0.256**	1.000	-0.320**	0.085**
LIQUID	-0.040**	0.018	-0.019	-0.327**	-0.129**	-0.274**	-0.132**	-0.315**	1.000	0.096**
BETA	0.024	-0.002	0	-0.032*	0.009	-0.002	-0.134**	0.059**	0.099**	1.000

注：" * "" ** "" *** "分别表示变量在10%、5%和1%双侧水平上是显著相关的，表右上部分表示 Spearman 相关性检验结果，左下部分表示 Pearson 相关性检验结果。

表5-4 成长性差异调节效应检验分析结果

调节变量	自变量	未标准化系数	标准误差	t 值	Sig.	R^2
Growth	截距	0.126	0.028	3.896	0.000	
	$X-\overline{X}$	−0.039	0.028	−1.434	0.043	0.134
	$Z-\overline{Z}$	−0.186	0.164	−1.218	0.045	
	$(X-\overline{X})(Z-\overline{Z})$	−0.346	0.301	−1.113	0.034	

由表5-4可知,对相关变量进行中心化处理后发现,在加入调节变量后,模型(5-4)对成长性的 Sig. 值分别为 0.034,交互项系数小于 0.05,表明成长性的调节效应在 5% 水平上显著相关,说明成长性可以调节信息披露质量与权益资本成本的关系。但是这一作用对两者关系的正负向调节影响需要在后面进一步进行验证。

5.3.4 实证结果分析

1. 样本分组结果检验

为了明确分组后的两个子样本之间是否存在显著差异,本书首先使用 Chow Test(邹检验)对高成长性和低成长性子样本的回归系数是否存在显著差异进行 F 检验,提出原假设"模型在高成长性和低成长性子样本组之间不存在结构性差异",如果检验结果拒绝原假设,即两个子样本之间的系数在不同置信水平上存在显著差异,则为本书按照成长性进行分组提供了依据。

按照 Chow Test 所设定的 F 统计量,计算公式(5-6)如下:

$$F = \frac{S_c - (S_1 + S_2)}{k} \bigg/ \frac{S_1 + S_2}{N_1 + N_2 - 2_k} \tag{5-6}$$

其中,F 表示 Chow Test 统计量,S_1 表示高成长性样本组进行回归得到的残差平方和，S_2 表示低成长性样本组进行回归得到的残差平方和，S_c 表示合并两个子样本后全样本回归的残差平方和，N_1 和 N_2 分别表示每一个子样本的观测数，k 是估计参数的个数。所计算出来的统计量服从 $F(k, N_1 + N_2 - 2k)$ 分布。

按照成长性中位数将总样本分为高成长性和低成长性样本组，通过计算可以得到上市公司的邹检验 F 统计量为 2.035，在 5% 的置信水平下，可以得到临界值 $F(9, 4780) = 2.71$，在 10% 的置信水平下，得到临界值 $F(9, 4780) = 2.16$。可以看出，两个子样本在不同的置信水平上存在显著差异，从而拒绝了邹检验的原假设"模型在高成长性和低成长性子样本组之间不存在结构性差异"，也即两个子样本之间存在显著差异，可以按照成长性中位数进行样本分组进行调节效应检验。

2. 信息披露质量与权益资本成本回归结果

从表 5-5 可以看出，在未按照成长性中位数进行分组前，信息披露质量和权益资本成本之间的相关系数为 -0.062，且在 5% 显著性水平上负相关，而在进行分组后，高成长性样本组中信息披露质量与权益资本成本之间的相关系数为 -0.087，且在 1% 显著性水平上负相关，低成长性样本组中两者的相关系数为 -0.054，且在 5% 显著性水平上负相关。可以发现，不管是否按照成长性进行分组，信息披露质量和权益资本成本之间总是呈现负相关关系，即信息披露质量越高，权益资本成本越低，从而验证了假设 5-1 成立。

同时，分组后的结果表明，成长性这一变量具有显著的调节作用。对于高成长性样本组而言，信息披露质量 DISC 以及信息披露质量 DISC 和成长性 GROWTH 的交叉项 DISC * GROWTH 系数均为负值，且分别在 1% 和 5% 水平上显著负相关，而对于低成长性样本组，信息披露质量 DISC 以及信息披露质量和成长性 GROWTH 的交叉系数均为负值，且分别在 5% 和 10% 水平上显著负相关。结果表明，相对于低成长性上市公司，高成长性上市公司信息披露质量水平越高，权益资本成本越低，验证了假设 5-2 的成立。从控制变量来看，公司规模、盈利能力、第一股东持股比例和股票流动性均与权益资本成本呈负相关，而资产负债率、市账比和系统风险因素均与权益资本成本呈正相关，基本上与前期的研究保持一致（Dutta 和 Nezlobin，2017；García 等，2017；卢文彬等，2014；李慧云和刘镝，2016）。

表 5-5　　　　　信息披露质量对权益资本成本的回归结果

变量	总样本		高成长性样本		低成长性样本	
	系数	t 值	系数	t 值	系数	t 值
_Cons	0.125 ***	3.881	0.156 ***	3.643	0.113 ***	2.864
DISC	−0.062 **	−1.261	−0.087 ***	−2.356	−0.054 **	−1.016
DSCI * GROWTH			−0.280 **	−4.031	−0.264 *	1.981
SIZE	−0.015 ***	−8.265	−0.008 ***	−5.591	−0.007 ***	−5.894
LEV	0.001 **	2.034	0.001 **	1.721	0.050 **	4.920
SHR	−0.011 ***	−7.823	−0.016 ***	−8.231	−0.011 **	−7.561
ROA	−0.200 ***	−7.744	−0.220 ***	−6.040	−0.149 ***	−4.010
MB	0.041 *	1.685	0.019 ***	8.420	0.017 ***	6.650
LIQUID	−0.028 **	−2.356	−0.004 *	−1.680	−0.004 *	−1.589
BETA	0.012 *	1.675	0.020 *	1.721	0.022 *	1.812
Industry	Yes		Yes		Yes	
Year	Yes		Yes		Yes	
F	44.33		24.02		20.3	
R^2	0.085		0.100		0.086	
Adj_R^2	0.083		0.096		0.081	
Sig.	0.000		0.000		0.000	

注："***""**""*"分别表示系数在 1%、5%和 10%水平上显著。

此外，我们求出模型(5-3)关于 IDI 的一阶偏导数，得到系数 $\alpha_1 + \alpha_3 \times$ Growth，并将此结果和模型(5-2)中的系数 $\mu_1 = 0.062$ 进行对比，来进一步考察成长性差异对两者关系的作用是增强还是减弱。根据表 5-5 中相关系数的计算结果，对于高成长性样本组，$\alpha_1 + \alpha_3 \times$ Growth $= -0.367$，低成长性样本组 $\alpha_1 + \alpha_3 \times$ Growth $= -0.318$，分组后的 $\alpha_1 + \alpha_3 \times$ Growth 均小于 μ_1，表明在加入调节变量成长性差异后，模型的斜率逐渐增大，且成长性越高，斜率越大，说明成长性对信息披露质量和权益资本成本之间的关系起到显著的增强作用，再次验证了假设 5-2 的成立。

更进一步，我们按照上市公司控股权性质差异对样本进行再次分组，采用分组回归分析方法进一步考察成长性差异下不同控股权性质上市公司信息披露质量和权益资本成本之间的影响关系。回归结果如表 5-6 所示。

表 5-6　成长性差异对信息披露质量和权益资本成本关系的影响结果

变量	高成长性样本				低成长性样本			
	国有控股		非国有控股		国有控股		非国有控股	
	系数	t 值	系数	t 值	系数	t 值	系数	t 值
_Cons	0.223 ***	3.471	0.262 ***	4.526	0.226 ***	3.654	0.281 ***	4.214
DISC	−0.035 **	−1.121	−0.058 ***	−3.210	−0.047 ***	−2.630	−0.037 ***	−1.542
DISC * GROWTH	−0.262 **	−3.569	−0.364 ***	−5.366	−0.259 ***	−3.259	−0.202 ***	−2.640
SIZE	−0.004 *	−1.810	−0.006 *	−1.956	−0.008 *	−2.313	−0.006 *	−2.015
LEV	0.016 *	1.181	0.015 *	1.240	0.058 ***	3.760	0.047 ***	3.540
SHR	−0.014 *	−6.425	−0.015 *	−6.430	−0.021 **	−8.351	−0.019 **	−7.625
ROA	−0.178 ***	−2.810	−0.248 ***	−5.540	−0.132 ***	−2.600	−0.170 ***	−3.080
MB	0.022 ***	7.690	0.012 ***	2.670	0.020 ***	5.860	0.009 **	2.260

续表

变量	高成长性样本				低成长性样本			
	国有控股		非国有控股		国有控股		非国有控股	
	系数	t 值	系数	t 值	系数	t 值	系数	t 值
LIQUID	-0.008^{**}	-2.280	-0.010^{**}	-2.653	-0.016^{**}	-3.895	-0.011^{**}	-3.259
BETA	0.016^{*}	0.981	0.018^{*}	1.026	0.018^{***}	2.660	0.013^{**}	2.235
Industry	Yes		Yes		Yes		Yes	
Year	Yes		Yes		Yes		Yes	
F	17.813		9.242		16.642		7.821	
R^2	0.140		0.067		0.122		0.062	
Adj_R^2	0.132		0.060		0.115		0.054	
Sig.	0.000		0.000		0.000		0.000	

注:"***""**""*"分别表示系数在1%、5%和10%水平上显著。

从表5-6回归结果看,在高成长性样本组中,国有控股和非国有控股上市公司信息披露质量和权益资本成本之间的关系分别在5%和1%水平上显著负相关,但是从数值方面进行考察,非国有控股上市公司中两者的相关系数绝对值0.058大于国有控股上市公司该系数0.035。同时,非国有控股上市公司中信息披露质量和权益资本成本之间关系在1%水平上显著,而国有控股上市公司却在5%水平上显著。此外,我们进一步考察信息披露质量和成长性的交叉项 DISC * GROWTH 系数,也发现,相较于国有控股上市公司,非国有控股上市中信息披露质量对权益资本成本的影响更显著,从而验证了假设5-3a是成立的。在低成长性样本组中,国有和非国有控股上市公司信息披露质量和权益资本成本虽然都在1%水平上显著负相关,但是国有控股上市公司中两者相关系数以及交叉项 DISC * GROWTH

系数的绝对值却高于非国有控股上市公司，进而验证了假设 5-3b 也是成立的。可以看出，在按照控股权性质进行区分后，不同成长性上市公司中信息披露质量对权益资本成本的影响是存在显著差异的，在高成长性上市公司样本中，非国有控股上市公司信息披露质量对权益资本成本的影响更显著，而在低成长性上市公司样本中，国有控股上市公司信息披露质量对权益资本成本的影响更显著。

5.4　稳健性检验

5.4.1　内生性问题

由于信息披露质量和权益资本成本之间可能存在互为因果关系、遗漏变量等内生问题，因此本书使用同行业信息披露质量水平（王雄元和高曦，2018）（$DISC_{avg}$）作为信息披露质量的工具变量，使用两阶段最小二乘法（2SLS），建立联立方程组解决内生性问题。已有研究认为，公司规模（SIZE）、经营业绩（ROE）、负债水平（LEV）、董事长和总经理两职合一（DUAL）、独立董事比例（INDR）、政治关联（POLITICAL）等都会对信息披露质量水平产生影响（伊志宏等，2010；徐广成等，2016；司茹，2013），因此，本书基于以上变量构建联立方程组（5-7），使用两阶段最小二乘法（2SLS）进行稳健性检验，结果如表 5-7 所示。

$$\begin{cases} DISC = \alpha_0 + \alpha_1 R + \alpha_2 SIZE + \alpha_3 LEV + \alpha_4 ROE + \alpha_5 DUAL + \\ \qquad\quad \alpha_6 INDR + \alpha_7 PPLITICLA + \varepsilon \\ R = \beta_0 + \beta_1 DISC + \beta_2 SIZE + \beta_3 LEV + \beta_4 SHR + \beta_5 ROA + \\ \qquad\; \beta_6 MB + \beta_7 LIQUID + \beta_8 BETA + \varepsilon \end{cases} \quad (5\text{-}7)$$

表 5-7   **2SLS 内生性检验结果**

变量	第一阶段			第二阶段		
	总样本	高成长性	低成长性	总样本	高成长性	低成长性
R	-0.035** (-1.426)	-0.038** (-1.358)	-0.036* (-1.127)			
DISC				-0.282** (-4.014)	-0.396*** (-3.268)	-0.169** (-2.364)
DISC$_{avg}$	0.426*** (13.254)	0.420*** (12.762)	0.394*** (6.846)	-0.329** (-1.862)	-0.367** (-1.672)	-0.360** (-1.624)
GROWTH	0.042** (2.324)	0.054*** (3.467)	0.046** (2.654)	-1.321** (-2.684)	-1.751*** (-4.687)	-1.241** (-2.012)
SIZE	0.021*** (1.354)	0.028*** (1.563)	0.031*** (3.015)	-0.650** (-3.783)	-0.553** (-3.719)	-0.581** (-3.020)
LEV	-0.003** (-1.645)	-0.001* (-1.701)	-0.002* (-1.686)	0.107** (2.514)	0.075** (2.256)	0.066* (1.968)
SHR				-0.011* (-10.445)	-0.009*** (-4.874)	-0.012** (-9.489)
ROA				-0.189** (-6.589)	-0.201** (-7.612)	-0.167** (-5.126)
MB				0.062* (1.912)	0.117** (2.687)	0.066* (1.964)
LIQUID				-0.026** (-2.367)	-0.016** (-1.964)	-0.011* (-1.596)
BETA				0.010* (1.740)	0.036** (1.755)	0.006* (1.924)
ROE	0.424*** (6.325)	0.710*** (1.389)	0.472*** (5.651)			
DUAL	-0.008** (-5.694)	-0.011** (-4.264)	-0.006* (-4.131)			

续表

变量	第一阶段			第二阶段		
	总样本	高成长性	低成长性	总样本	高成长性	低成长性
INDR	0.022 ***	0.365 ***	0.024 **			
	(1.965)	(2.967)	(1.652)			
POLITICAL	−0.004 **	−0.005 **	−0.002 **			
	(−1.886)	(−2.124)	(−1.508)			
Industry	Yes	Yes	Yes	Yes	Yes	Yes
Year	Yes	Yes	Yes	Yes	Yes	Yes
Adj_R^2	0.267	0.334	0.308	0.164	0.221	0.189

注:" ***"" **"" *"分别表示在1%、5%和10%水平上显著。括号中表示 t 值。

从表 5-7 稳健性回归结果可以看出,在使用两阶段最小二乘法对信息披露质量和权益资本成本的关系进行稳健性检验后发现,总样本中,信息披露质量对权益资本成本的影响在 5% 水平上显著负相关,高成长性样本公司和低成长性样本公司中,信息披露质量对权益资本成本的影响分别在 1% 和 5% 水平上显著负相关,结果表明本书的研究结论是稳健的。

5.4.2　其他稳健性检验

为了保证检验结果的稳健性,本书还进行如下稳健性检验:

(1)权小锋和吴世农(2010)等国内学者大多采用深圳证券交易所的信息披露质量评级来衡量上市公司的信息披露质量。因此,本书拟选取样本中的深圳证券交易所 A 股主板上市公司作为研究对象,共计 361 家公司1805 个样本,以深交所"上市公司信息披露工作考核办法"为依据,分别从及时性、准确性、完整性、合法性四个方面来考察上市公司的信息披露质量,将信息披露结果分为四个等级:优秀、良好、及格和不及格,如果考评结果有良好和优秀,则 IDI = 1,否则 IDI = 0。可以看出,在使用深交所信息考评等级对深证 A 股上市公司信息披露质量进行度量之后，回归结果基本上与前述结论保持一致，从而支持了本书的假说。

（2）市净率可用于反映企业成长性的大小，罗琦和王悦歌等（2015）使用市净率作为公司成长性的替代变量研究权益资本成本，因此本书使用市净率作为成长性的替代变量，对信息披露质量和权益资本成本之间的关系进行检验，所得结果与前述结果基本保持一致，表明本书的研究结果是稳健的。

5.5　本　章　小　结

本章以 2011—2020 年沪深两市 A 股非金融类上市公司为研究样本，以我国资本市场为研究背景，基于上市公司成长性差异，分析成长性对信息披露质量和权益资本成本之间的影响关系。实证结果表明，公司成长性差异对上市公司信息披露与权益资本成本关系具有调节作用，利用成长性中位数对总样本进行分组回归分析，结果发现成长性高的上市公司，其信息披露质量越高，权益资本成本越低。进一步，从控股权性质差异进行区分，发现成长性高的样本组中，非国有控股上市公司信息披露对权益资本成本的影响相对更显著；成长性低的样本组中，国有控股上市公司信息披露对权益资本成本的影响相对更显著。采用工具变量法和两阶段最小二乘法等进行一系列稳健性检验之后，上述结论仍然成立。

本章的研究不仅丰富了资本市场信息披露的研究，而且也有助于投资者更加清晰地了解不同成长性公司信息披露状态，提高对上市公司的财务分析能力和信息解读能力，提高投资决策水平。同时，监管机构可以要求上市公司在进行信息披露时强化企业成长性信息披露水平，加强信息披露的持续监督力度，确保资本市场的有效运行。

第6章　数字经济发展下信息披露质量与企业创新持续性研究

6.1　我国数字经济发展现状

数字经济是全球未来的发展方向，也是推动世界经济发展的重要动能。数字化转型作为数字经济发展的重要着力点，以计算、大数据、人工智能等数字技术为抓手，广泛赋能各行业各领域，已经成为激发企业创新活力，推动经济发展质量变革、效率变革、动力变革，提升国家数字竞争力的核心驱动。我国高度重视数字经济发展，大力推动数字化转型。十九届五中全会提出，加快发展现代产业体系，推动经济体系优化升级。推进产业基础高级化、产业链现代化，提高经济质量效益和核心竞争力。要提升产业链和供应链现代化水平，发展战略性新兴产业，加快发展现代服务业，统筹推进基础设施建设，加快建设交通强国，推进能源改革，加快数字化发展①。根据 2021 全球数字经济大会的数据，中国数字经济规模已经连续多年位居世界第二。但相比较美国数字经济在 GDP 中占比超 60%，中国这一数据比值却仅约 38%，发展空间巨大。可以预见，随着中国数字经济迎来发展期，不断涌现的新技术、新平台、新模式正打破传统业态边

---

① 中国电子技术标准化研究院．企业数字化转型白皮书（2021 版）［M］．2021：10.

界，创造企业发展的新机遇①。

数字经济是以数字化的知识和信息作为关键生产要素，以数字经济为核心驱动力量，以现代信息网络为重要载体，通过数字计划与实体经济深度融合，不断提高经济社会的数字化、网络化、智能化水平，加速重构经济发展与治理模式的新型经济形态。主要包括四大部分：(1)数字产业化，即信息通信产业，具体包括电子信息制造业、电信业、软件和信息技术服务业、互联网行业等；(2)产业数字化，即传统产业应用数字技术所带来的产出增加和效率提升部分，包括但不限于工业互联网、两化融合、智能制造、车联网、平台经济等融合型新产业、新模式、新业态；(3)数字化治理，包括但不限于多元治理，以"数字技术+治理"为典型特征的技术与管理结合，以及数字化公共服务等；(4)数据价值化，包括但不限于数据采集、数据标准、数据确权、数据标注、数据定价、数据交易、数据流转、数据保护等②。

根据赛迪发布的《2020 中国数字经济发展指数(DEDI)》，2020 中国数字经济发展指数平均值为 29.6，其中 10 个省(自治区、直辖市)指数值高于平均水平。广东以 65.3 的指数值稳居全国数字经济发展水平第一(见表 6-1)。

表 6-1　　　　**2020 年中国 31 个省(区、市)数字经济发展指数**

排名	省(自治区、直辖市)	指数值	排名	省(自治区、直辖市)	指数值
1	广东	65.3	17	广西	26.2
2	北京	55.0	18	天津	24.9
3	江苏	52.2	19	贵州	24.7
4	浙江	51.5	20	辽宁	23.5
5	上海	45.5	21	云南	21.3

①　http：//www.china-cer.com.cn/shuzijingji/2022062419548.html.
②　中国信息通讯研究院．全球数字经济白皮书——疫情冲击下的复苏新曙光[M]．2021：08.

续表

排名	省(自治区、直辖市)	指数值	排名	省(自治区、直辖市)	指数值
6	山东	42.8	22	山西	21.1
7	福建	38.6	23	黑龙江	20.5
8	四川	35.6	24	甘肃	19.3
9	河南	35.0	25	内蒙古	18.9
10	湖北	32.5	26	新疆	18.1
11	河北	29.4	27	海南	17.8
12	湖南	29.4	28	吉林	17.4
13	安徽	29.3	29	宁夏	17.1
14	重庆	28.8	30	青海	13.8
15	江西	28.5	31	西藏	8.0
16	陕西	26.3			

数据来源：赛迪顾问(2020.09)。

作为一种新经济形态和新发展范式，数字经济是以数字技术为基础，以数字化平台为主要媒介，以数字化赋能基础设施为重要支撑的一系列经济活动(许宪春和张美慧，2020)。促进数字经济与实体经济融合发展不仅是我国推进供给侧结构性改革的着力点，而且在稳定资本市场方面也发挥了积极作用。数字经济在解决经济增长乏力问题的同时也在中国经济发展过程中发挥着主导性作用(Gruber，2019；李韵和丁林峰，2020)。《中国数字经济发展白皮书(2021)》显示，我国数字经济规模占比呈现双"39"态势，2020年我国数字经济依然保持蓬勃发展趋势，规模达到39.2万亿元，较2019年增加3.3万亿元，占GDP比重为38.6%，同比提升2.4个百分点，有效支撑疫情防控和经济社会发展。企业信息披露质量的提高是资本市场有效运行的关键，而资本市场中存在着投资者和企业主体之间的信息不对称，且容易产生道德风险问题。市场中的投资者会根据企业传递的各种信息做出相应反应，因此高质量的信息披露不仅有助于提升企业自身形象，而且对整个经济社会发展也具有重要意义。可见，数字经济和企业信息披露质量均能够对我国经济增长起着重要的积极意义。数字技术是各种信息、计算、沟通和连接技术的组合，并能够有效提高企业信息透明度（李香菊和祝丹枫，2018），从而为投资者做出科学的投资决策提供有力保障。那么，基于数字经济和企业信息披露质量在我国经济增长中的积极作用，数字经济将会如何影响企业信息披露质量呢？

同时，随着新一轮科技革命和产业变革席卷全球，以新信息技术为核心的数字经济正促使实体经济通过数字化转型，在创造全新价值的同时实现"创造性破坏效应"（赵振和彭毫，2018），催生出新产业、新业态和新模式，并成为经济高质量发展的重要驱动力（Vial，2019）。党的十九大报告强调，创新是引领发展的第一动力，是建设现代化经济体系的战略支撑。对正处于经济加转轨新时期的中国而言，创新正在创造着新产业、新业态，其对维持企业长期持续发展的作用日益凸显，企业创新持续性对经济增长具有积极作用（樊霞等，2020）。可以看出，数字经济和企业创新持续性均会对我国经济增长产生重要推动作用。数字经济发展在给实体经济高质量发展带来机遇的同时，也需要实体经济进行技术创新、模式创新和产品创新，而创新持续性则是确保企业创新活动得以持续进行，是企业获取竞争优势的关键。因此，如何有效运用数字经济带来的"数字红利"提升企业创新持续性水平成为学界和企业管理者关注的热点问题。

目前，关于企业持续性影响因素的研究主要集中于内部和外部因素两个方面，如 Triguero 等（2014）发现企业规模对企业创新投入和产出持续性均产生正向影响；柳御林等（2021）的研究表明，企业多元化是影响企业创新持续性的关键因素之一；何郁冰和周慧（2017）基于佳能公司的案例分析表明，技术多元化有助于企业创新持续性水平提高；王晓君和付文林（2019）发现政府补贴投入能够显著提升企业的持续创新活力。尽管以上研究为企业创新持续性影响因素分析提供了一定的经验依据，但对于数字经济如何影响企业创新持续性以及这一影响路径如何实现，现有文献较少涉及。因此，探究数字经济与企业创新持续性的影响关系具有重要意义①。

"十四五"规划纲要指出，要打造数字经济新优势和提升企业技术创新能力，形成以企业为主体、市场为导向、产学研用深度融合的技术创新体系。5G、人工智能、区块链、云计算、大数据等数字技术打破了组织原有边界，企业内部的组织形态、运营模式、产品设计和研发流程等更加开放和动态，为数字经济下企业技术创新能力提升提供了战略机遇。随着数字化程度不断加深，中国已进入数字化高速发展阶段，单一创新行为显然已经无法满足企业生存与发展需要，而双元创新能力则成为实现企业技术升级和开拓市场的必要手段（Ribau 等，2019）。同时，企业所处的制度环境也不可避免地对企业创新行为与管理实践产生影响。因此，基于数字经济发展和企业创新理论，本书探究数字经济发展、双元创新、制度环境与企业创新持续性的关系，研究问题主要包括：数字经济发展如何影响企业创新持续性？双元创新在数字经济发展与企业创新持续性关系中发挥怎样的中介作用？制度环境如何调节数字经济发展与企业创新持续性之间的关系？本书的研究不仅拓展了数字经济发展中产生的"数字红利"的相关研究，而且为在不同制度环境下有效运用数字经济提升企业创新持续性水平提供理论支持和经验证据。

6.2　数字经济发展对企业信息披露质量的影响机理分析

6.2.1　数字经济发展对企业信息披露质量的影响

在有效的资本市场中，信息披露质量越高越能够有效降低公司股价波动性，增强资本市场流动性，从而减少投资者对公司股价预期的不确定性

---

① https://www.163.com/dy/article/GB03UHM70512D71I.html.

(Madhavan 和 Dallas，2002)，进而确保投资者利益得以实现。信息不对称理论认为，市场交易中至少存在一方拥有相关信息，参与双方在信息量上存在着不对等性(Leuz 和 Verrecchia，2000)。因此，信息不对称和信息传递机制的扭曲是企业行为与政府政策博弈最优的最大障碍(李香菊和祝丹枫，2018)，而信息披露理论表明，较高的信息披露质量是降低企业内外部信息不对称程度的重要治理机制(Healy 和 Palepu，2001；韩美妮和王福胜，2017)，有利于提高企业资金配置效率，进而促进资本市场健康发展。

以数字技术为核心的数字经济是各种信息、计算、沟通和连接技术的组合(Bharadwaj 等，2013)，能够有效提高企业信息透明度，从而为投资者的决策提供有力保障。一方面，数字信息技术的应用能够使企业更为有效地搜集用户数据，并通过数字技术整合企业生产过程中产生的各种信息流、资金流和物流(许宪春和张美慧，2020)，打破企业与用户之间存在的横向信息壁垒和行业内的垂直信息壁垒，从而有效降低信息搜寻成本，使投资者能够精确获取企业价值信息(韩璐等，2021)。同时，数字信息技术为企业提供了专业化的信息管理和技术支持，不仅可以有效提升企业与投资者之间的信息沟通效率，还能够形成高效的资源运转(吕铁和李载驰，2021)。另一方面，数字技术的快速发展催生出信息爆炸的市场环境，大数据、人工智能等数字技术使得市场中的信息流动更加灵活和快速，缓解了信息不对称问题，促使市场中的信息更加透明，并显著改善企业信息沟通效率，从而降低信息不对称产生的负面作用(Cong 等，2019；金洪飞等，2020；陈小辉等，2020)。因此，提出如下假设：

假设 6-1：数字经济发展能够有效提升企业信息披露质量。

6.2.2 制度环境对数字经济发展与企业信息披露质量的影响

随着市场环境的日益成熟，我国企业正面临着数字化转型，而这将对企业获取市场竞争优势有着重要影响，企业的决策行为必然会受到外部制度环境的影响(马连福等，2011；Caragliu 和 Nijkamp，2016；王运陈，

2017)。源于区域位置的差异，不同地区在资源配置、政府干预程度等方面均会存在一定差异性(彭晓等，2020)。良好的制度环境能够较好地规避管理者的寻租行为，减少因信息不对称引发的逆向选择和道德风险(薛阳和胡丽娜，2020)，公司治理水平和信息透明度相对较高，信息风险和不确定性相对较低(江媛和王治，2019)，从而提高企业信息披露质量。在制度环境良好的地区，市场机制相对更加完善，地方政府对企业的干预程度较低，相关监管制度更为健全，越能够提供更加真实有效的企业运营信息，从而提高企业信息披露质量(王运陈，2017；江媛和王治，2019；钱爱民和张晨宇，2016)。而在制度环境相对较差的地区，市场机制和地方政府的监管力度相对较弱，政府对企业发展的干预能力较强，从而造成会计信息披露质量在市场资源配置中的作用被逐渐弱化。数字化重塑了产业结构，催生出新商业模式和新业态，企业所面临的制度环境差异也会对数字化收益产生影响(潘越等，2013)。制度环境的缺失会导致企业和投资者的合法权益难以保障，加剧了信息不对称所产生的道德风险和逆向选择，而以新信息技术为核心的数字经济，则能够通过网络信息技术的互动式信息披露来提高市场参与主体之间的信息沟通效率(潘越等，2013；易靖韬和王悦昊，2021)，降低信息不对称，提高企业信息披露质量。因此，提出如下假设：

假设 6-2：制度环境能够促进数字经济与企业信息披露质量的正相关关系。

6.3 数字经济发展对企业创新持续性的影响机理分析

6.3.1 数字经济发展对企业创新持续性的影响

作为一种新经济形态和新发展范式，数字经济是以数字技术为基础，以数字化平台为主要媒介，以数字化赋能基础设施为重要支撑的一系列经济活动(许宪春和张美慧, 2020)。实体经济通过数字化转型, 带来产出增加和效率提升, 在原产业中创造出全新价值创造方式并实现"创造性破坏"效应(赵振和彭毫, 2018)。数字技术的应用能够实现产品持续迭代并打破产业边界实现融合创新(Yoo 等, 2012), 而保持创新持续性不仅是实体经济获得持续发展和获取高效益的关键, 而且还有助于推动国家经济结构转型(樊霞等, 2020)。通常认为, 数字经济包括数字产业化和产业数字化两种形态, 数字技术变革式发展赋予传统产业更广泛的创新空间(熊励和蔡雪莲, 2020), 能够加速传统产业转型升级、提升生产效率, 从而为经济发展创造新的增长点(Kim 等, 2014), 并为产业与企业持续发展注入新活力。基于现有技术经济研究范式, 数字经济对企业创新持续性的影响主要表现在三个方面: 信息效应、增值效应和创新效应。

1. 信息效应

信息不对称和信息传递机制的扭曲是企业行为与政府政策博弈最优的最大障碍(李香菊和祝丹枫, 2018), 而数字技术则是各种信息、计算、沟通和连接技术的组合(Vial, 2019), 并能够有效提高企业信息透明度, 从而为投资者加大企业创新资金投入提供了有力保障。一方面, 数字信息技术的应用能够使企业更为有效地搜集用户数据, 并通过数字技术整合企业生产过程中产生的各种信息流、资金流和物流(韩璐等, 2021), 打破企业与用户之间的横向信息壁垒和行业内的垂直信息壁垒, 从而有效降低信息搜寻成本(吕铁和李载驰, 2021)。另一方面, 数字技术的快速发展催生出信息爆炸的市场环境, 使得市场中的信息流动更加灵活和快速, 缓解了信息不对称问题, 促使市场中的信息更加透明, 并显著改善企业信息沟通效率, 从而降低信息不对称在企业创新活动中产生的负面作用(Freund 和 Weinhold, 2004)。

2. 增值效应

数字技术突破了传统创新发展经济理论框架, 能够通过投入创新、产品创新、工艺创新、市场创新和组织创新等方式推动实体经济创新发展，从而表现出数字技术的增值效应(康瑾和陈凯华，2021)。一方面，数字经济能够通过改变价值创造方式、提高价值创造效率、拓展价值创造载体和增强价值获取能力，并弱化产业边界，催生出"跨界"等新型商业模式，增强企业价值获取和创造能力。数字经济不仅能够通过优化产业结构降低企业生产成本，而且还助推企业转型升级和高质量发展。另一方面，产业数字化通过将数字技术与传统生产要素进行深度融合，由此产生的"动能倍增效应"将赋能传统产业转型升级(郭美晨和杜传忠，2019)，并促进实体企业持续创新。此外，数字化水平的提高能够使市场参与主体之间以及主体内部之间的信息流动更具规模性、效率性和融合性，从而对企业价值增值产生推动作用(黄节根等，2021)。

3. 创新效应

数字技术能够深入渗透到企业组织的产品、服务和运营核心，并从根本上改变产品和服务创新的本质(Yoo 等，2012；闫俊周等，2021)，提高了企业创新决策的科学性(Gomber 等，2018；唐松等，2020)。数字经济的创新效应不仅体现为数字经济能够影响实体经济创新结果，还会影响创新主体参与创新过程的方式和执行活动(Nambisan 等，2019)，从而呈现出动态的持续的创新过程，并因此提高了企业创新投入和创新产出水平，使企业的创新活动能够得以持续进行(Huesig 和 Endres，2019)。综上分析，本书提出如下假设：

假设 6-3：数字经济发展有助于企业创新持续性水平的提升。

6.3.2　数字经济发展对双元创新的影响

随着数字化水平的不断提升，企业可以充分利用新信息技术以获取更为准确的客户信息和更多市场机会，从而提升探索式创新和利用式创新能力(Yang 等，2021)。一方面，随着数字经济与实体经济的深度融合发展，数字经济通过对实体经济构成要素进行重新排列和对价值创造过程进行整合，催生出新产业、新业态和新模式，创造出新的价值创造方式并实现"创造性破坏"效应(赵振和彭毫，2018)。首先，数字经济发展能够通过激活更为高效的创新生态以拓展创新广度，开发新技术、创造新产品、拓宽创新活动范围(李雪等，2021)，有助于企业突破已有业务模式和成长路径，并为探索式创新能力提升提供新的可能性。其次，数字经济通过倒逼创新主体实现需求导向型创新以拓宽创新深度(李雪等，2021)，通过"关联效应"实现供应链中创新主体的协同创新(温珺等，2020)，从而增强了企业在新业务领域进行创新的意愿，为探索式创新能力的提升提供新的动力源。再次，数字技术应用打破了物理环境对产品供给的约束，在时间和空间上为用户创造更多服务价值，通过增加新产品，强化了自身竞争力，在消除组织冗余层级的同时给企业带来灵活的创新活动组织和管理机制(戚聿东和肖旭，2020)，为企业探索式创新能力的提升提供组织保障。另一方面，数字经济能够充分依托人工智能、区块链、大数据、云计算等数字技术，重构实体经济的创新要素和体系，通过对企业业务流程的改进和重组，实现企业创新活动的持续优化(谢卫红等，2020)。同时，数字经济通过对传统产业进行智能化改造，加快推进数字化转型，有效整合不同领域的知识与技术，为创新主体提供广阔的创新空间，有效拓展了实体经济的创新能力体系，并在已有技术和知识水平上形成持续性创新能力和竞争优势，从而为利用式创新能力的提升提供坚实保障。因此，提出如下假设：

假设6-4a：数字经济发展能够显著提升企业探索式创新能力。

假设6-4b：数字经济发展能够显著提升企业利用式创新能力。

6.3.3 双元创新对企业创新持续性的影响

创新持续性作为一种良性创新、循环反馈，能够给企业带来持续性创新收益(何熙琼和杨昌安，2019)，而创新能力则旨在为企业提供源源不断的创新动力，确保企业创新活动得以持续进行。随着市场竞争强度的不断加大以及企业生存环境的动态变化，使得企业要不断进行管理变革、组织变革、体制变革等以适应时代变化的步伐，而双元创新能力则是企业获得持续性竞争优势的关键所在（Benner 和 Tushman，2003）。一方面，探索式创新的核心在于贡献和创造新知识（Benner 和 Tushman，2003）。在企业创新发展过程中，探索式创新通过识别外部发展机遇，发展新知识，获取新能力，增强企业对技术变革和市场不确定性的适应能力（Rothaermel 和 Alexandre，2009），并且能够通过加大技术创新获得新产品，变革营销策略开辟新市场，有效挖掘市场潜力以不断提升企业创新持续性水平。另一方面，利用式创新通过提高企业创新效率、降低创新成本，以实现渐进性创新，不仅能够有效规避市场需求的不确定性风险，还能够提高企业竞争优势，有效提升企业创新持续性水平。因此，提出如下假设：

假设 6-5a：探索式创新能力对企业创新持续性水平的提升具有显著正向作用。

假设 6-5b：利用式创新能力对企业创新持续性水平的提升具有显著正向作用。

6.3.4　双元创新的中介作用

创新能力是企业重要的动态能力，是企业将创新行为、过程和创新战略相匹配进而开发新产品、新市场的能力（Aanderson 等，1995）。数字技术发展不仅为企业创新能力的提升提供了重要推动力，而且是企业获得持续性竞争优势的重要动力源泉。首先，以新信息技术为代表的数字经济具有较强的通用性，能够引导企业跨越技术轨道开展颠覆性创新（张璐阳和戚聿东，2021），使得企业研发人员能够准确地进行技术知识探索和学习，降低新技术存在的风险，为探索式创新提供合理保障，有利于探索式创新能力的不断提升。其次，数字经济能够帮助企业不断优化已有产品和服务水平，拓展技术研发体系，推动知识传递和共享，促进利用式创新能力的提升（张玉明等，2019）。最后，数字经济能够促使创新主体更加高效地利用各种创新资源要素，在节约生产成本的同时更为有效地分摊相应的研发成本以扩大研发预期收益率，并为企业从事创新活动创造新的环境和条件，以有效支持企业创新活动得以持续开展。综上可以看出，尽管两类创新行为的作用机制并非完全一致，但均能够在数字经济与企业创新持续性之间发挥中介作用。因此，提出如下假设：

假设 6-6a：探索式创新能力在数字经济发展与企业创新持续性之间起到有效的中介作用。

假设 6-6b：利用式创新能力在数字经济发展与企业创新持续性之间起到有效的中介作用。

6.3.5 制度环境对数字经济发展与企业创新持续性的影响

数字经济发展离不开良好的制度环境（程文先和钱学锋，2021），而制度环境是影响企业创新决策的重要因素（何凌云和陶东杰，2020）。当前，我国企业正处于数字化转型和高质量发展时期，日益成熟的市场环境将会对企业获取竞争优势有着重要影响，而制度环境则在很大程度上影响了中国企业的创新决策和战略行为（曾萍等，2017）。当企业处于良好的制度环境下，数字经济发展使得市场更加公开透明，降低企业运用数字经济的不确定风险，激励企业运用数字经济进行持续性创新，因此他们更有动力增加创新投入，保障企业创新活动得以持续进行。同时，良好的制度环境还能够确保竞争环境公平以及要素自由流动，激发企业的创新活力，以保障组织创新活动顺利进行。当企业所处制度环境不完善时，数字经济的"创新效应"不能得到充分发挥，也会造成要素市场发生扭曲，导致企业通过市场机制获得创新资源的成本提高，企业研发活动获得的收益将会面临较高的风险冲击（葛立宇，2018），从而抑制了企业的创新行为，并因此造成企业创新持续性活动难以顺利实施。因此，提出如下假设：

假设 6-7：制度环境能够增强数字经济发展对企业创新持续性的正向作用。

6.4　研　究　设　计

6.4.1　样本选取与数据来源

基于 2011—2020 年省级数字经济发展指数和沪深 A 股上市公司数据进行实证检验，同时对相关数据进行如下处理：(1)剔除所有 ST 和 * ST 样本；(2)剔除所有金融类上市公司样本；(3)剔除数据缺失的样本；(4)剔除负债率小于等于 0 的样本。同时，为消除极端值的影响，对所有连续变量进行前后 1% 的 Winsorize 处理。数字经济发展指数源于《中国统计年鉴》《中国城市统计年鉴》和北京大学数字金融研究中心与蚂蚁金服联合发布的《数字普惠金融指数》，信息披露质量数据来自上市公司年报手工整理，公司治理变量和相关财务数据源于国泰安数据库和万得资讯数据库。采用 Stata12.0 计量分析软件对相关数据进行处理和分析。

6.4.2　变量选取与定义

1. 信息披露质量(DISC)

参考 Coles 等(2006)、扈文秀等(2021)以及林长泉等(2016)的研究方法，采用 KV 指数度量信息披露质量。

$$\ln|(P_i - P_{i-1})/P_{i-1}| = \alpha + \beta(\text{Vol}_i - \text{Vol}_0) + \varepsilon \quad (6\text{-}1)$$

$$\text{KV} = 10^4 \times \beta \quad (6\text{-}2)$$

其中，P_t 是第 t 日的股票收盘价，P_{t-1} 是第 $t-1$ 日的股票收盘价，Vol_t 是第 t 日的股票交易量，Vol_0 是研究期间所有交易日的平均股票交易量，利用最小二乘法计算得到 β(不考虑 β 为负的情况，如果当年交易日少于 100 天，则不估计该公司当年的 β)，β 值越小，KV 值越小，说明上市公司信息披露越充分，信息披露质量就越高。

2. 企业创新持续性(INNOV/K)

无形资产与企业的创新活动存在着较为密切的关系，能够更好地代表着企业的创新活动，而无形资产的增加则主要源于企业创新投资活动所产生的结果，因此这一变量能够综合反映出企业开展的相关创新活动。而事实上，研发支出作为一项企业资金投入则只能够反映出企业创新持续性活动的组成部分，而其他创新投入，如人力资本开发、新技术的引进、消化与吸收等项目尚未在企业研发支出项目中得以体现。相较于企业研发投入项目，无形资产的增加则涵盖了更为全面的企业创新活动投入的相关信息。因此在现有条件下，无形资产增量可以更好地衡量企业创新持续性活动，且为比较合理的度量指标(冷建飞和高云，2019)。因此，本书使用无形资产增量来衡量企业创新持续性。

3. 数字经济发展(DE)

借鉴黄群慧等(2019)、赵涛等(2020)的研究，从互联网发展和数字金融两个视角来测度我国各省市数字经济发展水平，选取互联网宽带接入用户数、信息传输、软件和技术服务业人员占城镇单位就业人员比例、电信业务总量、年末移动电话用户数和数字普惠金融指数等指标，并采用主成分分析法构建数字经济发展水平综合指数。

4. 制度环境(EV)

按照《中国市场化指数数据库》中对市场化总指数的解释，市场化指数包括政府与市场的关系、非国有经济的发展、产品市场的发育程度、要素市场的发育程度以及市场中介组织的发育和法律制度等五个方面，因此本书以此指标作为各地区制度环境的度量指标。

5. 双元创新能力(Exploratory/Exploitative)

参考邵剑兵和吴珊(2020)的研究方法,以上市公司相应年度发明专利申请数量作为探索式创新能力的代理变量,以实用新型与外观设计专利申请数量作为利用式创新能力的代理变量。

6. 控制变量

参考已有研究,加入如下影响企业信息披露的变量:公司规模(SIZE)、股权集中度(FIRST)、资产负债率(LEV)、独立董事比例(INDR)、两职合一(DUAL)、投资机会(Tobins'Q),成长能力(GROWTH)。同时还控制年度效应(Year)、行业效应(Industry)和省份效应(Province)(见表6-2)。

表 6-2　　　　　　　　　　　变 量 定 义

变量名称	变量代码	变 量 释 义
信息披露质量	DISC	公式(6-1)和(6-2)计算得到
企业创新持续性	INNOV/K	无形资产增量
数字经济发展	DE	数字经济发展水平指数
制度环境	EV	公司本年度所在地区市场化指数
探索式创新能力	Exploratory	Ln(发明专利申请数量+1)
利用式创新能力	Exploitative	Ln(实用新型与外观设计专利申请数量+1)
公司规模	SIZE	年度末公司总资产的自然对数
股权集中度	FIRST	年末公司第一大股东持股比例
资产负债率	LEV	年末负债总额与资产总额的比值
独立董事比例	INDR	独立董事占公司董事会总人数的比值
两职合一	DUAL	当董事长和总经理由同一人兼任时,DUAL 取值为1,否则为0
产权性质	STATE	如果企业控股权为国有,则取值为1,否则为0

变量名称	变量代码	变 量 释 义
投资机会	TQ	年末公司托宾 Q 值
成长能力	GROWTH	(本年度末营业收入总额−上年度末营业收入总额)/上年度末营业收入总额
年度效应	Year	年度虚拟变量
行业效应	Industry	行业虚拟变量
省份效应	Province	省份虚拟变量

6.4.3 模型设计

为检验假设 6-1，构建如下检验模型：

$$\text{DISC}_{i,t} = \alpha_0 + \alpha_1 \text{DE}_{i,t} + \sum \alpha_i \times \text{Control}_{i,t} + \gamma_j + \eta_k + \lambda_t + \varepsilon_{i,t}$$

$$(6\text{-}3)$$

根据假设 6-2，在公式(6-3)的基础上构建如下模型以检验制度环境对数字经济发展与企业信息披露质量关系的调节作用，具体模型为：

$$\text{DISC}_{i,t} = \alpha_0 + \alpha_1 \text{DE}_{i,t} + \alpha_2 \text{EV}_{i,t} + \alpha_3 \text{EV}_{i,t} \times \text{DE}_{i,t}$$
$$+ \sum \alpha_i \times \text{Control}_{i,t} + \gamma_j + \eta_k + \lambda_t + \varepsilon_{i,t}$$

$$(6\text{-}4)$$

上述模型中，$\text{DE}_{i,t}$ 表示企业 i 第 t 年所在省份的数字经济发展指数，γ_j 为企业 i 所在行业 j 的固定效应，η_k 为企业 i 所在省份 k 的固定效应，λ_t 为第 t 年的固定效应。

同时，本书构建多元回归模型以检验数字经济发展、双元创新、制度环境与企业创新持续性之间的关系。公式(6-5)表示数字经济发展与企业创新持续性之间的影响关系，公式(6-6)表示数字经济发展与双元创新之间的影响关系，公式(6-7)表示双元创新与企业创新持续性之间的影响关系，公式(6-8)表示制度环境在数字经济发展与企业创新持续性关系中的调节效应模型。

$$(\mathrm{INNOV/K})_{i,t} = \alpha_0 + \alpha_1 \mathrm{DE}_{i,t} + \alpha_i \sum \mathrm{Control}_{i,t} + \gamma_j + \eta_k + \lambda_t + \varepsilon_{i,t} \tag{6-5}$$

$$(\mathrm{Exploratory/Exploitative})_{i,t} = \beta_0 + \beta_1 \mathrm{DE}_{i,t} + \beta_i \sum \mathrm{Control}_{i,t} + \gamma_j + \eta_k + \lambda_t + \varepsilon_{i,t} \tag{6-6}$$

$$(\mathrm{INNOV/K})_{i,t} = \chi_0 + \chi_1 \mathrm{Exploratory}_{i,t}/\mathrm{Exploitative}_{i,t} + \chi_i \sum \mathrm{Control}_{i,t} + \gamma_j + \eta_k + \lambda_t + \varepsilon_{i,t} \tag{6-7}$$

$$(\mathrm{INNOV/K})_{i,t} = \mu_0 + \mu_1 \mathrm{DE}_{i,t} + \mu_2 \mathrm{EV}_{i,t} + \mu_3 \mathrm{DE}_{i,t} \times \mathrm{EV}_{i,t} + \mu_i \sum \mathrm{Control}_{i,t} + \gamma_j + \eta_k + \lambda_t + \varepsilon_{i,t} \tag{6-8}$$

其中，Exploratory 为企业探索式创新能力，Exploitative 为企业利用式创新能力，EV 为企业所处的制度环境，γ_j 为企业 i 所在行业 j 的固定效应，η_k 为企业 i 所在省份 k 的固定效应，λ_t 为第 t 年的固定效应。

6.5　描述性统计与相关性分析

6.5.1　描述性统计

表 6-3 给出了主要变量的描述性统计分析结果。可以看出，企业创新持续性的最小值为 6.182，均值为 16.233，最大值为 24.590，标准差为 2.519，表明我国上市公司的创新持续性水平存在较大差异。企业信息披露质量（DISC）的最小值和最大值分别为 0.370 和 0.988，均值为 0.556，标准差为 0.683，说明我国上市公司信息披露质量整体上较低，不同上市公司的信息披露质量之间仍然存在一定差异。数字经济发展（DE）的最小值为 -0.922，最大值为 3.766，标准差为 0.969，可以发现我国不同省份的数字经济发展水平存在较大差异，且数字经济发展水平整体上较低。制度环

境(EV)的最小值为 3.370,最大值为 9.980,均值为 8.141,标准差为 1.723,表明我国各个省份的市场化程度存在较大差异。

表 6-3   主要变量的描述性统计结果

变量	N	极小值	极大值	均值	标准差
INNOV/K	19838	6.182	24.590	16.233	2.519
DISC	19838	0.370	0.988	0.556	0.683
DE	270	−0.922	3.766	0.559	0.969
Exploratory	19838	0	9.834	2.133	1.493
Exploitative	19838	0	9.494	3.125	1.770
EV	270	3.370	9.980	8.141	1.723
FIRST	19838	0.080	0.758	0.357	0.153
INDR	19838	0.250	0.600	0.376	0.063
DUAL	19838	0	1	0.240	0.427
STATE	19838	0	1	0.422	0.494
TQ	19838	0.865	8.890	1.952	1.307
LEV	19838	0.060	0.920	0.452	0.209
SIZE	19838	19.785	26.438	22.349	1.331
GROWTH	19838	−0.819	4.370	0.178	0.601

控制变量中,第一股东持股比例(FIRST)均值为 0.357,表明我国上市公司的股权集中度较高。独立董事比例(INDR)的均值为 0.376,表明大部分上市均能够满足证监会对独立董事占比至少有 1/3 的规定。董事长与总经理两职合一(DUAL)的均值为 0.240,表明我国上市公司存在董事长和总经理由同一人兼任的情况较少。产权性质(STATE)的均值为 0.422,表明样本企业中国有控股的上市公司数量相对较少。托宾 Q(TQ)的均值和标准

差分别为 1.952 和 1.307，表明我国上市公司存在的投资机会存在较大差异。上市公司的资产负债率(LEV)的均值为 0.452，整体上说明我国上市公司的财务状况较好。公司规模(SIZE)的标准差为 1.331，表明我国上市公司的规模存在一定差异性。公司成长性(GROWTH)的均值为 0.178，表明我国上市公司整体上成长能力不足，仍需进一步提升。

6.5.2　相关性分析

表 6-4 列示了主要变量之间的相关性分析结果。由表可以看出，信息披露质量、数字经济均与企业创新持续性存在较为显著正向影响关系，且在 1% 水平上显著。同时，数字经济与企业信息披露质量之间存在较为显著的正相关关系，数字经济发展水平越高，上市公司的信息披露质量越高，初步验证了假设 6-1 的成立。探索式创新与利用式创新也均与企业创新持续性存在较为显著的正向影响关系，且从系数上来看，探索式创新较利用式创新对企业创新持续性的影响更为显著。同时，表 6-4 中变量之间的相关系数均小于 0.5，因此变量之间不存在严重的多重共线性问题。

表 6-4　　　　　　　　　　　主要变量的相关性分析

变量	INNOV/K	DISC	DE	Exploratory	Exploitative	EV
INNOV/K	1.000					
DISC	0.325**	1.000				
DE	0.113**	0.421**	1.000			
Exploratory	0.196**	0.126**	0.149**	1.000		
Exploitative	0.122**	0.135**	112**	0.520**	1.000	
EV	0.033**	0.243**	0.483**	0.122**	0.083**	1.000

注：左上角表示 Pearson 相关性结果，"＊""＊＊"分别表示在 5% 和 1% 水平下显著相关(双侧)。

6.6　实证结果分析

6.6.1　数字经济发展对信息披露质量的影响结果分析

为了验证数字经济发展是否以及如何影响企业信息披露质量,本书对公式(6-3)进行回归,回归结果如表 6-5 所示。其中表 6-5 中(1)列为未加入控制变量时的回归结果,(2)列为加入控制变量后的回归结果。结果表明,数字经济发展对企业信息披露质量的回归系数均在 1% 水平上显著为正,说明数字经济发展水平能够显著提升企业信息披露质量,数字经济发展水平越高,其对上市公司信息披露质量的提升效应越显著,假设 6-1 得以验证。

控制变量方面,第一大股东持股比例的系数在 5% 水平上显著为负,产权性质、投资机会和资产负债率的系数均在 1% 水平上显著为负,独立董事比例、董事长与总经理两职合一和公司规模的系数均在 1% 水平上显著为正,这意味着上市公司独立董事所占的比例越高、董事长与总经理两职合一的程度越高、上市公司的规模越大时,企业信息披露质量越高。

以新信息技术为核心的数字经济快速发展,给实体经济带来了高质量发展机遇,对企业信息披露质量具有显著的促进效应。这不仅体现在数字经济能够降低信息不对称,提高企业信息透明度,而且对于整个资本市场中信息环境的改善也起到很好的促进作用。

表 6-5　　　　数字经济发展与企业信息披露质量回归结果

变量	(1)		(2)	
	系数	t 值	系数	t 值
DE	0.123***	120.712	0.122***	115.713

续表

变量	（1）		（2）	
	系数	t 值	系数	t 值
FIRST			-0.014^{**}	-2.082
INDR			0.146^{***}	2.943
DUAL			0.086^{***}	1.364
STATE			-0.037^{***}	-2.645
TQ			-0.002^{***}	-2.616
LEV			-0.019^{***}	-3.457
SIZE			0.002^{**}	2.105
GROWTH			0.001	0.674
_Cons	0.688	35.173	0.656	30.293
Year	Yes		Yes	
Industry	Yes		Yes	
Province	Yes		Yes	
N	19838		19838	
Adj_R^2	0.422		0.424	

注：" $*$ "" $**$ "" $***$ "分别表示在 10%、5%和 1%水平上显著。

6.6.2　数字经济发展对企业创新持续性的影响结果分析

本部分对数字经济发展、双元创新与企业创新持续性之间的关系进行检验，实证检验结果如表 6-6 所示。模型（1）显示的数字经济发展对企业创新持续性的影响结果，回归系数显著为正（$\alpha_1 = 0.111$，$p<0.01$），表明数字经济发展能够显著提升企业创新持续性水平，假设 6-3 得以验证，即数字经济发展有助于企业创新持续性水平的提升。模型（2）显示的是探索式创新能力对企业创新持续性的回归结果，回归系数显著为正（$\chi_1 = 0.064$，$p<0.01$），探索式创新能力能够显著提升企业创新持续性水平，表明假设

表 6-6　数字经济发展、双元创新与企业创新持续性的回归分析结果

变量	INNOV/K			Exploratory	Exploitative
	模型(1)	模型(2)	模型(3)	模型(4)	模型(5)
DE	0.111*** (2.710)			0.307*** (11.421)	0.267*** (8.092)
Exploratory		0.064*** (3.631)			
Exploitative			0.016* (1.285)		
SIZE	1.113*** (43.721)	1.075*** (40.361)	1.099*** (42.671)	0.455*** (27.321)	0.322*** (15.731)
LEV	−0.287** (−1.710)	−0.227** (−1.352)	−0.269** (−1.601)	−0.635*** (−5.772)	−0.037 (−0.271)
TQ	0.143*** (2.622)	0.030*** (1.292)	0.019* (0.832)	0.139*** (9.292)	0.060*** (3.262)
GROWTH	0.049*** (2.745)	0.052*** (2.920)	0.051*** (2.851)	0.026** (2.251)	0.053*** (3.711)
INDR	0.313*** (1.741)	0.332*** (1.746)	0.341*** (1.766)	0.091 (0.311)	0.380 (1.051)
DUAL	−0.097 (−1.623)	−0.078 (−1.311)	−0.086 (−1.452)	−0.125*** (−3.185)	−0.052* (−1.092)
FIRST	0.011*** (6.381)	0.010*** (6.001)	0.011*** (6.301)	0.007*** (6.081)	0.002 (1.561)
STATE	−0.165*** (−2.752)	−0.136** (−2.292)	−0.132** (−2.202)	−0.032 (−0.832)	−0.374*** (−7.741)

续表

变量	INNOV/K			Exploratory	Exploitative
	模型（1）	模型（2）	模型（3）	模型（4）	模型（5）
AGES	0.047**	0.056***	0.054***	0.020	0.026
	（1.342）	（1.612）	（1.563）	（0.881）	（0.922）
_Cons	7.865***	7.192***	7.649***	7.913***	4.189***
	（14.282）	（12.681）	（13.852）	（21.963）	（9.462）
Year	Yes	Yes	Yes	Yes	Yes
Province	Yes	Yes	Yes	Yes	Yes
Industry	Yes	Yes	Yes	Yes	Yes
F 值	272.761***	273.511***	271.992***	102.211***	48.962***
Adj_R^2	0.286	0.295	0.287	0.130	0.066

注：" * "" ** "" *** "分别表示在 10%、5% 和 1% 的水平上显著相关。

6-5a 得以验证。模型（3）显示的是利用式创新能力对企业创新持续性的回归结果，回归系数显著为正（$X_1 = 0.016$，$p < 0.1$），表明利用式创新能力也能够显著提升企业创新持续性水平，假设 6-5b 得以验证。从回归系数结果来看，探索式创新能力对企业创新持续性的促进作用比利用式创新能力更为显著。模型（4）显示数字经济发展对探索式创新能力的影响结果，回归系数显著为正（$\beta_1 = 0.307$，$p < 0.01$），表明数字经济发展水平能够显著提升企业探索式创新能力，假设 6-4a 得以验证。模型（5）显示数字经济发展对利用式创新能力的影响结果，回归系数显著为正（$\beta_1 = 0.267$，$p < 0.01$），表明数字经济发展水平能够显著提升企业利用式创新能力，假设 6-4b 得以验证。

　　参考 Baron 和 Kenny（1986）、温忠麟等（2005）所提出的关于中介效应的检验步骤，本书对双元创新能力在数字经发展与企业创新持续性关系中的中介效应予以检验。首先，就探索式创新能力在数字经济发展与企业创新持续性之间的中介效应而言，模型（1）的结果表明，数字经济发展与企业创新持续性之间显著正相关（$\alpha_1=0.111$，$p<0.01$），模型（4）的结果表明数字经济发展与探索式创新能力显著正相关（$\beta_1=0.307$，$p<0.01$），模型（2）结果显示探索式创新能力与企业创新持续性显著正相关（$\chi_1=0.064$，$p<0.01$），上述结果表明探索式创新能力在数字经济发展与企业创新持续性之间具有显著的中介效应，假设 6-6a 得以支持。其次，就利用式创新能力在数字经济发展与企业创新持续性之间的中介效应而言，模型（1）的结果表明，数字经济发展与企业创新持续性之间显著正相关（$\alpha_1=0.111$，$p<0.01$），模型（5）的结果表明数字经济发展与利用式创新能力显著正相关（$\beta_1=0.267$，$p<0.01$），模型（3）结果显示探索式创新能力与企业创新持续性显著正相关（$\chi_1=0.016$，$p<0.1$），上述结果表明利用式创新能力在数字经济发展与企业创新持续性之间也具有显著的中介效应，假设 6-6b 得以支持。综上可以看出，不管是探索式创新还是利用式创新，均能够在数字经济发展与企业创新持续性关系中发挥有效的中介作用。

6.6.3 制度环境对数字经济发展与企业信息披露质量的影响结果分析

为了验证制度环境对数字经济发展和企业信息披露质量关系的作用效果，本部分对公式（6-4）进行回归，回归结果如表 6-7 所示。可以看出，在（1）列中制度环境与企业信息披露质量呈现显著正相关关系，说明企业所处的制度环境越好，其信息披露质量越高。（2）列中交互项的回归系数为0.007，且在 1% 水平上显著，说明制度环境能够有效促进数字经济发展与企业信息披露质量之间的正向关系，从而验证了假设 6-2 成立。可以看出，数字经济的快速发展改善了企业信息环境，提高了企业信息透明度，而且企业所处的制度环境越好，政府对企业的干预程度越小，越有利于企业披露高质量的信息。

表6-7　　数字经济发展、制度环境与企业信息披露质量回归结果

变量	（1）		（2）	
	系数	t 值	系数	t 值
DE	0.119***	93.261	0.188***	125.901
EV	0.003***	3.792	0.002**	2.343
DE*EV			0.007***	9.633
FIRST	−0.001**	−2.381	−0.001*	−2.323
INDR	0.015***	2.963	0.019***	3.202
DUAL	0.048***	3.183	0.090***	3.383
STATE	−0.031***	−1.364	−0.031***	−1.353
TQ	−0.002***	−2.755	−0.002***	−2.905
LEV	−0.018***	−3.294	−0.015***	−2.764
SIZE	0.002**	2.355	0.001**	2.204
GROWTH	0.001	0.663	0.001	0.795
_Cons	0.637	28.662	0.663	29.675
Year	Yes		Yes	
Industry	Yes		Yes	
Province	Yes		Yes	
N	19838		19838	
Adj_R^2	0.425		0.427	

注："*""**""***"分别表示在10%、5%和1%水平上显著。

6.6.4　制度环境对数字经济发展与企业创新持续性的影响结果分析

基于制度环境对数字经济发展与企业创新持续性关系的影响作用，检

验结果如表6-8所示。模型(1)的结果表明数字经济发展与企业创新持续性显著正相关($\mu_1 = 0.111$，$p<0.01$)，即数字经济发展有助于企业创新持续性水平的提升；模型(2)结果表明，在引入制度环境调节变量后，数字经济发展对企业创新持续性的影响作用得以增强，并且制度环境与企业创新持续性之间显著正相关($\mu_2 = 0.331$，$p<0.01$)；模型(3)的结果表明，在引入数字经济与制度环境的交互项后，交互项系数与企业创新持续性之间显著正相关($\mu_3 = 0.043$，$p<0.05$)。因此，假设6-7得到验证，即制度环境对数字经济发展与企业创新持续性之间的关系具有显著的积极调节效应，良好的制度环境能够提升数字经济发展与企业创新持续性之间的正向关系。这意味着，当企业所处的制度环境比较好时，政府部门和企业自身对于数字经济发展持积极态度，在一定程度上有助于营造良好的数字经济发展环境，而且在很大程度上能够加大对企业创新的支持力度，不断提高企业的创新持续性水平。

表6-8　　数字经济发展、制度环境与企业创新持续性回归结果

变量	INNOV/K		
	模型(1)	模型(2)	模型(3)
DE	0.111***	0.215***	0.472***
	(2.710)	(3.811)	(6.422)
EV		0.331***	0.109**
		(8.196)	(3.574)
DE×EV			0.043**
			(2.882)
SIZE	1.113***	1.113***	1.115***
	(43.721)	(43.701)	(43.745)
LEV	−0.287**	−0.286*	−0.289**
	(−1.710)	(−1.701)	(−1.726)

续表

变量	INNOV/K		
	模型（1）	模型（2）	模型（3）
TQ	0.143 ***	0.146 ***	0.155 *
	(2.622)	(2.632)	(2.963)
GROETH	0.049 ***	0.049 ***	0.052 ***
	(2.745)	(2.746)	(2.823)
INDR	0.313 ***	0.313 ***	0.348 ***
	(1.741)	(1.746)	(1.786)
DUAL	−0.097	−0.096	−0.092
	(−1.623)	(−1.611)	(−1.542)
FIRST	0.011 ***	0.011 ***	0.011 ***
	(6.381)	(6.383)	(6.261)
STATE	−0.165 ***	−0.164 **	−0.162 **
	(−2.752)	(−2.691)	(−2.682)
AGES	0.047 **	0.046 ***	0.050 ***
	(1.342)	(1.341)	(1.433)
_Cons	7.865 ***	7.890 ***	7.805 ***
	(14.282)	(13.953)	(13.761)
Year	Yes	Yes	Yes
Province	Yes	Yes	Yes
Industry	Yes	Yes	Yes
F 值	272.761 ***	250.000 ***	231.121 ***
Adj_R^2	0.286	0.285	0.288

注：" * "" ** "" *** "分别表示在 10%、5% 和 1% 的水平上显著相关。

6.7 稳健性检验与进一步研究

6.7.1 稳健性检验

1. 数字经济发展与企业信息披露质量的稳健性检验

为解决基本假设检验中可能存在的遗漏变量等内生性问题对回归结果造成的影响，本书采用两阶段最小二乘法(2SLS)用于检验研究结论的稳健性。参考 Kim 等(2014)和陈小辉等(2020)的方法，采用同年度其他省份数字经济发展指数的均值的滞后一期(L_DE)作为工具变量。表 6-9 给出了工具变量的估计结果，在对"工具变量识别不足"检验和"弱工具变量"检验中，二者均能够通过相关检验，这表明在考虑可能存在的内生性问题之后，数字经济对企业信息披露质量的提升作用依然成立，而且回归结果仍然在1%显著性水平下正向相关。

表 6-9 数字经济发展与信息披露质量内生性检验结果

变量	第一阶段		第二阶段	
	系数	t 值	系数	t 值
L_DE	0.145***	36.291	0.128***	29.362
DE			0.113***	33.393
FIRST			−0.009***	−2.522
INDR			0.013***	3.974
DUAL			0.044***	3.422
STATE			−0.042***	−2.521
TQ			−0.005***	−1.974

续表

变量	第一阶段		第二阶段	
	系数	t 值	系数	t 值
LEV			-0.017***	-2.816
SIZE			0.002**	2.417
GROWTH			0.001	0.864
_Cons	0.753***	62.95	0.821***	77.683
Province	Yes		Yes	
Year	Yes		Yes	
Industry	Yes		Yes	
Adj_R^2	0.497		0.494	

注：" *** "" ** "" * "分别表示在1%、5%和10%的显著性水平下显著。

2. 数字经济发展与企业创新持续性的稳健性检验

同样，本书仍然参考陈小辉等（2020）的方法，采用同年度其他省份数字经济发展指数的均值的滞后一期（L_DE）作为工具变量。表6-10给出了工具变量的估计结果，可以看出，数字经济发展对企业创新持续性水平的提升作用依然成立，而且回归结果仍然在1%显著性水平下正向相关。

表6-10　　　　数字经济与企业创新持续性内生性检验结果

变量	第一阶段		第二阶段	
	系数	t 值	系数	t 值
L_DE	0.099***	3.254	0.139***	3.632
DE			0.133***	3.471
SIZE			1.209***	2.567
LEV			-0.247***	-2.974

续表

变量	第一阶段		第二阶段	
	系数	t 值	系数	t 值
TQ			0.014	1.322
GROWTH			0.016	1.452
INDR			0.185	2.973
DUAL			−0.115 **	−3.811
FIRST			0.009 ***	2.923
STATE			−0.118	−0.724
AGES			0.012	0.487
_Cons	13.211 ***	4.098	17.232 ***	9.679
Year	Yes		Yes	
Province	Yes		Yes	
Industry	Yes		Yes	
F 值	101.876		112.611	
Adj_R^2	0.072		0.091	

注:"***""**""*"分别表示在1%、5%和10%的显著性水平下显著。

3. 替代变量的稳健性检验

根据《深圳证券交易所上市公司信息披露工作考核办法(2017 年修订)》的规定和要求,上市公司信息披露工作考核结果主要依据上市公司信息披露质量,同时结合上市公司运作规范程度、对投资者权益保护程度等因素,从高到低划分为 A、B、C、D 四个等级①。以深交所"上市公司信息披露工作考核办法"为依据,分别从及时性、准确性、完整性、合法性四个方面来考察上市公司的信息披露质量,将信息披露结果分为四个等级:

---

① http://finance.ce.cn/rolling/201705/06/t20170506_22585271.shtml.

优秀、良好、及格和不及格，如果考评结果有良好和优秀，则 DISC = 1，否则 DISC = 0。

因此，本书采用深交所信息披露考核评级作为企业信息披露质量的替代变量，并按照模型(6-3)对数字经济和企业信息披露质量的影响关系进行再次回归。表 6-11 中(1)列显示的是被解释变量替换之后数字经济对企业信息披露质量的影响结果，可以看出数字经济的回归系数依然在 1% 水平上显著为正，该结果与假设 6-1 保持一致。(2)列给出的则是替代变量之后制度环境对数字经济与企业信息披露质量的影响结果，可以看出，不管是制度环境还是制度环境与数字经济的交互项系数均在 1% 水平上显著为正，从而再次验证了假设 6-2 成立。综上，本书的研究结果具有较高的稳健性。

表 6-11　　　　信息披露质量的替代变量稳健性检验结果

变量	(1)		(2)	
	系数	t 值	系数	t 值
DE	0.115***	64.984	0.207***	93.953
EV			0.015***	4.141
DE * EV			0.010***	9.582
FIRST	−0.002**	−2.413	−0.001**	−2.021
INDR	0.011***	2.052	0.061***	5.292
DUAL	0.051***	5.624	0.006*	1.775
STATE	−0.007**	−2.043	−0.005*	−1.683
TQ	−0.006***	−2.613	−0.005***	−2.492
LEV	−0.022***	−2.893	−0.015**	−2.263
SIZE	0.004**	2.534	0.003*	1.684
GROWTH	0.005**	2.123	0.005**	2.133

续表

变量	(1)		(2)	
	系数	t 值	系数	t 值
_Cons	0.618	18.645	0.643	18.894
Year	Yes		Yes	
Industry	Yes		Yes	
Province	Yes		Yes	
N	10473		10473	
Adj_R^2	0.427		0.432	

注:"***""**""*"分别表示在1%、5%和10%的显著性水平下显著。

6.7.2 进一步研究:区域异质性的影响效应

1. 数字经济发展影响信息披露质量的区域异质性差异

由于我国不同地区存在的资源禀赋和发展阶段差异,因此不管是在数字经济发展方面还是在企业信息披露质量方面,东部和中西部地区均会存在明显的区域异质性差异。基于此,数字经济对企业信息披露质量的影响也因此会存在区域异质性差异。因此,在前述分析的基础上,将我国30个省(直辖市、自治区)划分为东部和中西部地区①,并进行回归分析,以进一步检验数字经济发展对企业信息披露质量的影响是否会存在区域异质性差异。

为了明确分组后的两个子样本之间是否存在显著差异,首先使用邹检验对中西部地区和东部地区子样本的回归系数是否存在显著性差异进行 F

① 东部地区包括北京、天津、河北、辽宁、上海、江苏、浙江、福建、山东、广东和海南,中西部地区包括山西、吉林、黑龙江、安徽、江西、河南、湖北、湖南、内蒙古、广西、重庆、四川、贵州、云南、陕西、甘肃、青海、宁夏和新疆。

检验，并提出原假设为"模型在东部地区和中西部地区子样本组之间不存在显著性差异"，如果检验结果拒绝原假设，即两个子样本之间的系数在不同置信水平上存在显著差异，则为本书按照地区差异进行分组提供依据。按照 Chow Test 所设定的 F 统计量，计算公式如下：

$$F = \frac{S_e - (S_1 + S_2)}{k} \bigg/ \frac{S_1 + S_2}{N_1 + N_2 - 2k} \tag{6-9}$$

其中，F 表示 Chow Test 统计量，S_1 表示东部地区样本组进行回归的残差平方和，S_2 表示中西部地区样本组进行回归的残差平方和，S_e 表示合并两个子样本后全样本回归的残差平方和，N_1 和 N_2 分别表示每一个子样本的观测数，k 是估计参数的个数，所计算处理的统计量服从 $F(k, N_1+N_2-2k)$ 分布。

按照所处地区的不同将总样本分组为东部地区和中西部地区样本组，通过计算可以得到邹检验 F 统计量为 2.641，在 5% 的置信水平下，可以得到临界值 $F(8, 19822) = 2.92$，在 10% 的置信水平下，得到临界值 $F(8, 19822) = 2.76$。可以看出，两个子样本在不同的置信水平上存在显著差异，从而拒绝了邹检验的原假设"模型在东部地区和中西部地区子样本组之间不存在结构性差异"，也即两个子样本之间存在显著差异，可以按照区域异质性差异进行样本分组进行分析。

表 6-12 给出了数字经济发展影响企业信息披露质量的区域异质性差异回归结果。从表 6-12 中 (1) 和 (3) 列可以看出，相较于中西部地区，数字经济发展对企业信息披露质量的影响在东部地区更显著，从 (2) 和 (4) 列也可以看出，制度环境对数字经济发展与企业信息披露质量的调节作用在东部地区更显著。上述结果表明，数字经济发展对企业信息披露质量的影响的确存在着明显的区域差异，东部地区能够从数字经济发展中获得更多红利优势，且优越的区位优势使得东部地区也能够获得更多发展机遇。同时，从调节效应结果来看，在东部地区，良好的制度环境为数字经济发展赋能企业高质量发展提供了基础，不仅促进了数字经济的发展，而且为上市公司创造了更为合理的信息披露环境，从而提高企业信息披露质量。

表 6-12 　数字经济发展影响企业信息披露质量的区域异质性结果

变量	东部地区		中西部地区	
	（1）	（2）	（3）	（4）
DE	0.118***	0.319***	0.049**	0.132**
	（62.781）	（24.252）	（39.555）	（20.342）
EV		0.015***		0.006*
		（6.233）		（2.341）
DE*EV		0.021***		0.011**
		（15.442）		（4.574）
FIRST	−0.004**	−0.008***	−0.002**	−0.003**
	（−1.343）	（−2.202）	（−1.644）	（−1.696）
INDR	0.078***	0.145***	0.034***	0.033***
	（4.464）	（6.842）	（2.915）	（2.998）
DUAL	0.032***	0.023**	0.014**	0.031***
	（3.925）	（2.042）	（1.726）	（3.587）
STATE	−0.009***	−0.009***	−0.006***	−0.006***
	（−3.414）	（−3.453）	（−2.280）	（−2.317）
TQ	−0.002*	−0.002*	−0.004**	−0.004**
	（−1.693）	（−1.915）	（−2.268）	（−2.166）
LEV	−0.028***	−0.023***	−0.028***	−0.055***
	（−4.393）	（−3.653）	（−3.257）	（−3.056）
SIZE	0.004***	0.003***	0.004*	0.003***
	（4.204）	（3.195）	（1.794）	（3.495）
GROWTH	0.001	0.001	0.003	0.002
	（0.373）	（0.426）	（0.788）	（0.713）
_Cons	0.613***	0.589***	0.769***	0.712***
	（26.095）	（23.515）	（15.914）	（13.683）

变量	东部地区		中西部地区	
	(1)	(2)	(3)	(4)
N	13525	13525	6313	6313
Adj_R^2	0.458	0.468	0.209	0.212
Year	Yes	Yes	Yes	Yes
Industry	Yes	Yes	Yes	Yes
Province	Yes	Yes	Yes	Yes

注:"***""**""*"分别表示在1%、5%和10%的显著性水平下显著。

2. 数字经济发展影响企业创新持续性的区域异质性差异

由于我国不同地区存在的资源禀赋和发展阶段差异,因此不管是在数字经济发展方面还是在企业创新持续性水平方面,东部和中西部地区均会存在明显的区域异质性差异。基于此,数字经济发展对企业创新持续性的影响也因此会存在区域异质性差异。因此,本书在前述分析的基础上,将我国30个省(直辖市、自治区)划分为东部和中西部地区,并进行回归分析,以进一步检验数字经济发展对企业创新持续性水平的影响是否会存在区域异质性差异。具体结果如表6-13所示。模型(1)至(3)列显示的是数字经济发展对企业创新持续性的影响在东部地区的回归结果,模型(4)至(6)列显示的是数字经济发展对企业创新持续性影响在中西部地区的回归结果。可以看出,数字经济发展对企业创新持续性水平的影响确实会存在一定程度的区域异质性差异,相较于中西部地区,数字经济发展对企业创新持续性水平的影响相对更显著,即东部地区当前能够从数字经济发展中获得更多红利优势。从中介效应检验结果中也可看出,相较于中西部地区,数字经济通过探索式创新能力和利用式创新能力提升企业创新持续性水平均在东部地区更显著。

表 6-13　数字经济发展影响企业创新持续性的区域异质性差异回归结果

变量	东部地区			中西部地区		
	模型(1)	模型(2)	模型(3)	模型(4)	模型(5)	模型(6)
DE	0.323***			0.159**		
	(5.463)			(3.242)		
Exploratory		0.075***			0.048**	
		(3.653)			(1.365)	
Exploitative			0.025*			0.012*
			(1.495)			(0.652)
SIZE	1.135***	1.095***	1.124***	1.069***	1.017***	1.038***
	(38.701)	(35.551)	(37.952)	(20.091)	(18.590)	(19.090)
LEV	−0.522**	−0.477**	−0.533**	−0.282**	−0.354**	−0.308**
	(−2.680)	(−2.432)	(−2.261)	(−1.820)	(−1.061)	(−0.921)
TQ	0.061***	0.021**	0.018**	0.143***	0.051***	0.046***
	(1.242)	(0.792)	(0.332)	(2.622)	(1.092)	(0.971)
GROETH	0.100***	0.104***	0.103***	0.029*	0.032*	0.031***
	(2.942)	(3.071)	(3.021)	(1.601)	(1.520)	(1.473)
INDR	0.176***	0.172***	0.102***	0.093*	0.097***	0.313***
	(2.141)	(2.136)	(1.096)	(1.340)	(1.391)	(1.741)
DUAL	−0.043	−0.027	−0.037	−0.028	−0.025	−0.093
	(−0.631)	(−0.391)	(−0.552)	(−0.801)	(−0.930)	(−1.153)
FIRST	0.008***	0.008***	0.008***	0.018***	0.015***	0.016***
	(3.191)	(3.801)	(4.151)	(5.023)	(4.941)	(5.001)
STATE	−0.221***	−0.209**	−0.196**	−0.129**	−0.117**	−0.125***
	(−2.952)	(−2.822)	(−2.623)	(−2.275)	(−2.111)	(−2.123)

续表

变量	东部地区			中西部地区		
	模型(1)	模型(2)	模型(3)	模型(4)	模型(5)	模型(6)
AGES	0.052**	0.059***	0.057***	0.040**	0.043**	0.042**
	(1.253)	(1.431)	(1.390)	(1.122)	(1.167)	(1.366)
_Cons	8.402***	7.725***	8.264***	6.819***	5.778***	6.148***
	(13.142)	(11.701)	(12.901)	(6.062)	(5.063)	(5.431)
Year	Yes	Yes	Yes	Yes	Yes	Yes
Province	Yes	Yes	Yes	Yes	Yes	Yes
Industry	Yes	Yes	Yes	Yes	Yes	Yes
F 值	207.901	209.510	208.061	67.211	65.991	65.760
Adj_R^2	0.301	0.303	0.302	0.251	0.247	0.246

注：" * "" ** "" *** "分别表示在 10%、5% 和 1% 的水平上显著相关。

6.8　本 章 小 结

　　企业信息披露质量的高低对投资者的决策会产生直接影响，同时也会对资本市场中的资源配置效率和投资者利益产生决定性作用。因此，加强上市公司信息披露监管不仅是推进供给侧结构性改革的一项重要内容，而且对于经济高质量发展也具有促进作用。

　　本章以 2011—2020 年省级数字经济发展指数和沪深 A 股上市公司数据进行实证检验，以验证数字经济发展背景下数字经济发展对企业信息披露质量以及企业创新持续性的影响，并进一步考察制度环境差异与区域异质性差异对上述关系的影响作用，以及双元创新能力在数字经济发展与企业创新持续性之间的调节效应。研究结果表明，随着数字经济发展水平的不断提升，企业信息披露能力得以不断提高，数字经济发展能够有效提升企业信息披露质量与创新持续性。同时进一步研究则表明，制度环境能够有效调节数字经济发展与企业信息披露质量以及企业创新持续性之间的关系，制度环境好的地区，上市公司信息披露质量和企业创新持续性水平越高；数字经济发展对企业信息披露质量与企业创新持续性水平的影响作用在东部地区更显著；双元创新能力在数字经济发展与企业创新持续性关系中能够起到有效的中介作用。

从本章的研究结果来看，我国上市公司整体的信息披露质量仍然较低，而数字技术的应用不仅有利于缓解企业与投资者之间的信息不对称，使投资者能够从资本市场上获得更多企业信息，从而做出理性的投资决策。与此同时，在制度环境较好的市场中，高质量的企业信息能够有效地引导资源进行合理流动，提高资源配置效率，强化对投资者的利益保护。此外，各级政府还要重视数字经济发展会扩大企业间的创新能力，因此在推动数字经济发展与实体经济融合过程中要加强区域之间的合作交流，减少区域间发展不均衡的现象。

第7章 主要研究结论与政策建议

7.1 主要研究结论

本书以上市公司信息披露质量为主要研究对象，在对我国上市公司信息披露制度背景和发展趋势进行分析的基础上，通过对信息披露质量对公司业绩、信息披露质量对风险承担、信息披露质量对资本成本、数字经济对信息披露质量与企业创新持续性等理论分析的基础上，结合 2011—2020 年沪深 A 股上市公司经验数据对基本研究假设进行实证检验，得到如下主要研究结论：

(1)信息披露质量对公司真实业绩的影响存在倒 U 形影响，在使用应计盈余管理对公司业绩进行调整后，存在一个最优信息披露点，在其左侧信息披露质量的增加会带来公司业绩的提高，而在其右侧信息披露质量的增加却会导致公司业绩的下降；在使用应计盈余管理对公司业绩进行调整后，独立董事会显著影响信息披露质量与公司业绩之间的相关性，独立董事比例的提高会显著降低最优信息披露点。

(2)信息披露质量能够显著提高公司风险承担水平，影响机制表现为较高的信息披露质量能够有效缓解代理问题和融资约束问题，提高公司风险承担水平，进而验证了信息披露的"治理效应"；在控制了内生性问题并进行稳健性检验之后，该研究结论依然成立。进一步研究发现，管理层持股激励能够显著增强信息披露质量和公司风险承担的正向关系，且这种影响关系在高管理层持股组中更显著。

（3）信息披露质量能够有效降低公司权益资本成本公司，同时成长性差异对上市公司信息披露与权益资本成本关系具有调节作用，利用成长性中位数对总样本进行分组回归分析，结果发现成长性高的上市公司，其信息披露质量越高，权益资本成本越低。进一步，从控股权性质差异进行区分，发现成长性高的样本组中，非国有控股上市公司信息披露对权益资本成本的影响相对更显著，成长性低的样本组中，国有控股上市公司信息披露对权益资本成本的影响相对更显著。

（4）数字经济能够显著提升企业信息披露质量，随着数字经济水平的提升，企业信息披露质量也将随之提高；制度环境能够显著促进数字经济与企业信息披露质量之间的正向关系，即企业所处的制度环境越好，数字经济对企业信息披露质量的促进作用越显著；数字经济对企业信息披露质量的影响存在区域异质性差异，相较于中西部地区，数字经济对企业信息披露质量的促进作用在东部地区更显著。

（5）数字经济发展带来的信息效应、增值效应和创新效应能够通过直接作用显著促进企业创新持续性水平的提升；探索式创新能力和利用式创新能力能够在数字经济发展与企业创新持续性之间发挥有效中介作用，数字经济能够通过探索式创新能力和利用式创新能力间接促进企业创新持续性水平；制度环境对数字经济发展与企业创新持续性之间的关系具有积极调节效应，即制度环境越好，数字经济发展对企业创新持续性的提升作用越显著；数字经济发展对企业创新持续性的影响存在区域异质性差异，相较于中西部地区，数字经济发展对企业创新持续性的提升作用在东部地区更为显著。

7.2 政 策 建 议

本书系统分析了上市公司信息披露影响效应，并分别从内部和外部因素视角进一步探讨其对信息披露质量影响效应的研究，这对于完善上市公司信息披露制度，优化上市公司信息披露环境，提高数字技术应用水平，提升企业创新持续性，以获得持久发展具有重要的政策建议和实践指导意义。因此，本书在前述理论和实证分析基础上，从加强上市公司信息披露监管以提高企业信息披露质量、营造良好的数字经济发展环境以大力推动数字技术应用、加大数字技术创新应用以提高企业创新能力等三个方面提出相关对策建议。

7.2.1　加强上市公司信息披露监管力度，提高企业信息披露质量

1. 完善上市公司信息披露制度，加强信息披露监管力度

为进一步规范上市公司信息披露制度，政府相关监管机构应尽快确立并完善上市公司信息披露章程，以我国上交所和深交所发布的《上市公司信息披露指引》为基础，对企业财务报告的内容和格式进行统一规范，进一步明确企业年报中应披露的信息具体内容，针对不同的利益相关者，企业应该明确披露哪些与之相关的内容和信息等。同时，强化企业信息披露监管力度，对企业存在的故意隐瞒相关信息、虚假披露信息等不法行为应该予以严厉惩治。为了避免上市公司提供虚假的信息，相关监管机构必须加大对企业财务报告内容的审查和执行力度。可以聘请企业外部有关方面的专家及学者作为独立的第三方，通过采取定期或者不定期抽查的方式对上市公司发布的年度报告进行审计，从而降低或者避免少数企业的不道德行为对大多数企业产生的负面影响，同时要加强对违规行为的执行力度，进而达到优化企业信息披露环境，稳定企业长期发展的目的。

2. 优化企业创新金融环境，扶持企业大力开展创新活动

作为社会公共政策的制定者和实施者，政府理应全面统筹国家财政资

金补贴政策，并在金融和税收等方面予以企业更多创新支持。首先，政府在干预企业创新活动中发挥了重要作用，而在国家创新发展战略背景下，必须激励和支持企业在创新活动方面的投入，向企业提供无偿补助，尤其是创新方面的资金支持。尤其是对于非国有企业，政府应该给予创新型民营企业适当的政策激励，从而发挥民营企业创新的积极作用，进而深化企业创新环境建设。同时，在企业开展的创新活动中，相对于国有企业，非国有企业特别是民营企业更难以获得既定需求的创新资源，这势必会造成企业创新动力不足，因此，为了确保民营企业具有更多创新资金支持，相关政府部门理应重视对非国有企业的政策扶持。其次，完善金融体系，并通过深化金融发展来弥补金融市场缺陷，拓宽企业融资渠道，为企业创新活动提供稳定的金融支持。作为我国企业重要的融资工具，金融机构在企业创新持续性活动中起着重要作用，因此，为提升我国企业创新持续性水平，金融机构理应进一步加大对企业的金融支持力度，加强和完善金融服务，根据国家有关产业政策和投资政策，积极给予创新企业信贷支持。最后，税收政策成为政府激励企业创新的重要手段之一，税收优惠能够减少企业资金支出，从而能够将更多资金用于企业创新活动。

3. 提高企业信息披露透明度，助力企业获取更多创新资金

相关政府部门和监管机构应当鼓励企业主动进行信息披露，根据我国企业的实际履行情况，制定相关监管政策，引导企业积极履行责任，强化信息披露力度，提升企业长期价值。尽管利用强制手段进行监督和约束在一定程度上可以促进和推动企业履行状况，但要从根本上提高企业披露水平，还需给予企业信息披露行为一定的激励措施和手段，从而提高他们的自愿披露意愿和水平。因为企业能够自愿承担并及时披露相关信息可以提高投资者信任度，让公众及时全面地了解到企业真实的经营状况，通过提高信息透明度，提升企业形象，进而帮助企业获取创新资金。因此，政府部门可以在强制要求披露信息之外，加大对自愿披露更多信息的企业给予一定的税收优惠政策，不断完善创新奖励机制，从而增强企业创新竞争意识和能力。

7.2.2　营造良好的数字经济发展环境，大力推动企业数字技术应用

党的十八大以来，以习近平同志为核心的党中央高度重视发展数字经济，将其上升为国家战略。近年来，我国网络购物、移动支付、共享经济等数字经济新业态新模式蓬勃发展，走在了世界前列。数据要素是数字经济深入发展的核心引擎。随着信息技术和人类生产生活交汇融合，互联网快速普及，全球数据呈现爆发增长、海量集聚的特点，蕴藏着巨大的经济社会价值。习近平总书记指出："要构建以数据为关键要素的数字经济""做大做强数字经济，拓展经济发展新空间"。这为我们发挥好数据这一新型生产要素的作用、推动数字经济健康发展指明了方向①。

1. 加强数字基础设施建设，为数字经济发展提供良好的信息平台

一方面，"新基建"不仅能为产业和企业数字计划转型升级提供支撑，而且5G技术、云计算、人工智能等领域的配套基础设施建设能有效拉动投资，抗疫情、稳增长，助推经济社会发展。另一方面，要大力构建数据网络资源，推动数据资源在政府部门、社会治理领域以及企业中的应用，为这些主体的数字化应用提供高效的数据支撑，打造数字经济核心资源汇聚、共享与联动的信息平台，激活数据资产对各类应用主体的促进作用。

2. 营造良好的数字政府服务环境，构建全方位的数字经济管理服务体系和应用平台

数字政府的建设在很大程度上推动了数字经济技术的应用和推广，加快建设"互联网+政府服务"，拓展网上办事深度和广度，提高政府部门办

---

① http：//www.china-cer.com.cn/shuzijingji/2022062319476.html.

事效率，延伸网上办事链条。一方面，政府部门要积极引进或培育数字化转型服务提供商，为各类企业数字化应用提供专业化的服务和解决方案，让各个不同主体参与数字政府的建设，以政府为主导，各个行业、企业、高校与科研机构和公众等共同参与，从而发挥各自的优势、协同配合确保数字经济有效运行，并有力地推动了数字化建设的顺利实施。另一方面，持续加大"放管服"政策改革力度，不断简化行政审批流程和方式，加强对营商环境建设中存在突出问题的专项整治工作，构建完善的容错纠错机制，建立对数字经济领域中各类主体的监管力度。

3. 强化人才保障机制，营造良好的创新环境

数字化人才是数字经济建设和顺利运行的关键因素之一，各地政府要不断改进和优化人才引进计划和方案，积极引进高层次人才，提高数字化人才的待遇，从而为数字经济发展和数字技术应用提供足够的人才保障。一方面，加大数字经济技术人才的培养力度，为数字经济的发展提供重组的人才储备，通过与地方高校建立合作关系，积极培育高校开设数字经济相关的课程，建立数字经济实训基地，为地方数字经济发展储备优质力量。另一方面，通过市场机制的发挥和良性运作，充分发挥各类培训机构的作用，以培养更多专业化的数字经济技术人才，加快各类技术人员流向不同行业和企业。

4. 加强和规范数据产权和数据安全管理，保护相关主体的权益

完善与数字交易相关的法律法规及市场交易规则，重视交易行为合法性合理性的评估，规制不正当交易行为；加强网络安全建设，保护数据产权和个人隐私，强化数据安全管控和防护能力，分类分级管理重要的数据资产，出台有利于数字经济健康发展的一系列举措，营造良好的产业发展环境。健全国家网络安全法律法规和制度标准，加强重要领域数据资源、重要网络和信息系统安全保障。建立健全关键信息基础设施保护体系，提升安全防护和维护治安能力。加强网络安全风险评估和审查。加强网络安全基础设施建设，强化跨领域网络安全信息共享和工作协同，提升网络安全威胁发现、监测预警、应急指挥、攻击溯源能力。加强网络安全关键技术研发，加快人工智能安全技术创新，提升网络安全产业综合竞争力。加强网络安全宣传教育和人才培养①。

7.2.3　加大数字技术创新应用，提升企业创新能力

(1)数字经济对实体经济发展和创新能力的提升具有赋能作用，因此对于政府而言，要通过加大数字产业化和产业数字化扶持力度、加大对实体经济的政策支持、增加地方政府的科技创新资金投入等措施，推动数字经济快速发展。积极推动实体企业开展大数据、云计算、"互联网+"等数字化技术创新，加大数字基础设施建设，夯实数字技术基础。同时，要持续推进与数字经济发展的制度环境创新，拓宽数字经济发展空间，提高数字技术应用水平，为企业创新能力的提升提供良好的发展环境。

(2)作为创新行为的主体，企业也要加快数字化转型，加快推进产业数字化，充分利用数字经济发展带来的机遇，积极融入数字经济建设环境，加大模式创新、产品创新、服务创新等持续性创新项目的资金支持，确保在数字经济赋能实体经济发展环境下推动企业创新持续性活动的良序发展，并不断拓宽数字经济技术在企业应用的广度和深度，着力推动企业创新能力的提升。同时，要充分发挥数字技术的整合和优化能力，着力推动数字技术与各种创新要素的深度融合，并不断提高企业探索式创新和利用式创新能力。

(3)加快建立良好的制度环境，制度环境是企业决策和发展的重要基础，也影响了数字经济发展与企业创新持续性之间的关系。因此，要积极

---

① 　中华人民共和国国民经济和社会发展第十四个五年规划和 2035 年远景目标纲要[R/OL].[2021-03-13].http://www.gov.cn/xinwen/2021-03/13/content_5592681.htm.

落实国家创新驱动发展战略和创新体系建设方案,建立健全相关的法律法规,营造良好的制度环境,规范创新主体的创新行为,不断提升企业创新能力。同时要重视数字经济发展会扩大不同企业创新能力差距这一现象,在推动数字经济发展与实体经济进行深度融合的过程中加强不同区域之间的合作交流,避免区域发展不均衡的现象。

7.3 研究局限性与展望

信息披露质量影响效应的研究一直是公司治理领域研究的热点话题之一。鉴于信息披露质量对整个资本市场以及利益相关者所产生的影响,本书力求全面深入地考察上市公司信息披露质量的影响效应,并深入分析信息披露质量对公司业绩、风险承担与资本成本的影响机理,进一步分析公司内外部因素对上述关系所产生的影响作用。同时,随着数字经济快速发展,其对实体经济也产生了深刻的影响,因此,本书在这一现实背景下,深入考察数字经济在信息披露质量影响效应中所产生的作用,但限于笔者的知识水平,本书的研究可能存在以下局限性。

7.3.1 信息披露质量影响效应研究尚未完善

尽管本书对于上市公司信息披露影响效应的研究涉及公司业绩、风险承担、资本成本以及企业创新持续性等公司治理研究领域的主要方面,但是信息披露质量影响的研究并非局限于公司治理方面,如资本市场中的股价崩盘风险、股价效率等问题,信息披露质量对资本市场的影响不仅是投资者关注的重点问题,而且是未来资本市场研究的热点问题之一。因此,未来的研究可以将信息披露质量的影响效应拓展至资本市场的某些现象问题的研究。

7.3.2　信息披露质量影响因素的研究尚不全面

由于本书研究的重点在于信息披露质量的影响效应，尚未对影响信息披露质量的因素进行系统分析，而事实上，上市公司信息披露质量的高低受到多种内外在因素的影响，如董秘任期、董秘变更、高管特质、政治关联、管理者能力、CEO 职业关注等内部因素（何平林等，2019；程小可和孙乾，2020；鲁清仿和杨雪晴，2020；李维等，2021；），以及资本市场开放、经济政策不确定性、融券卖空等外部因素（彭文平和张姗姗，2019；何瑛和李壕爽，2021；孙雅妮和王君宜，2021）。因此，未来的研究可以适当考虑这些内外部因素在上市公司信息披露影响效应中的研究。

7.3.3　企业创新持续性的度量亟须进一步挖掘

在目前的学术研究中，如何度量企业创新持续性水平并无统一的测度方法，而现有研究大多则是采用无形资产增量进行衡量。但上述指标能否准确度量企业创新持续性水平，已有研究尚未给出其他相对合理的度量方法。因此，寻求更准确和全面的企业创新持续性衡量指标和方法也是今后研究的一项重要内容。

参 考 文 献

[1] Aanderson J C, Rungtusanatham M, Schroeder R G, et al. Apath analytic model of a theory of quality management underlying the deming management method: preliminary empirical findings [J]. Decision Sciences, 1995, 26 (5): 637-658.

[2] Adams R B, Ferreira D A. Theory of friendly boards [J]. Journal of Finance, 2007, 62(1): 217-250.

[3] Albring S M, Xu X. Management earnings forecasts, managerial incentives, and risktaking [J]. Advances in Accounting, 2018, 42(C): 48-69.

[4] Allen F, Qian J, Qian M. Law, finance, and economic growth in China[J]. Journal of Financial Economics, 2005, 77(1): 57-116.

[5] Armstrong C S, Guay W R, Weber J P. The role of information and financial reporting in corporate governance and debt contracting [J]. Journal of Accounting and Economics, 2010, 50(2-3): 179-234.

[6] Ashbaugh-Skaife H, Collins D W, Kinney W R, Lafond R. The effect of SOX internal control deficiencies on firm risk and cost of equity[J]. Journal of Accounting Research, 2009, 47(1): 1-43.

[7] Balakrishnan K, Core J E, Verdi R S. The relation between reporting quality and financing and investment: Evidence from changes in financing capacity [J]. Journal of Accounting Research, 2014, 52(1): 1-36.

[8] Baron R M, Kenny D A. The moderator-mediator variable distinction in social psychological research: conceptual, strategic, and statistical

considerations[J]. Journal of Personality and Social Psychology, 1986, 51 (6): 1173-1182.

[9]Barth M E, Konchitchki Y, Landsman W R. Cost of capital and earnings transparency[J]. Journal of Accounting and Economics, 2013, 55(2-3): 206-224.

[10]Bazrafshan E, Kandelousi A S, Hooy C W. The impact of earnings management on the extent of disclosure and true financial performance: evidence from listed firms in Hong Kong[J]. British Accounting Review, 2016, 48(2): 206-219.

[11]Benner M J, Tushman M L. Exploitation, exploration, and process management: the productivity dilemma revisited [J]. Academy of Management Review, 2003, 28(2): 238-256.

[12]Bernard D. Is the risk of product market predation a cost of disclosure? [J]. Journal of Accounting and Economics, 2016, 62(2-3): 305-325.

[13]Bernheim B D, Whinston M D. Common agency[J]. Econometrica: Journal of the Econometric Society, 1986: 923-942.

[14]Black B, Kim W. The effect of board structure on firm value: a multiple identification strategies approach using Korean data[J]. Journal of Financial Economics, 2012(104): 203-226.

[15]Bloomfield R, Wilks T. Disclose effects in the laboratory: liquidity, depth, and the cost of capital[J]. The Accounting Review, 2000(75): 13-41.

[16]Bonfiglioli A. Investor protection and income inequality: Risk sharing vs. risk taking[J]. Journal of Development Economics, 2012, 99(1): 1-49.

[17]Botosan C A. Disclosure level and the cost of equity capital[J]. Accounting review, 1997: 323-349.

[18]Botosan C, Plumlee M. A re-examination of disclosure level and the expected cost of capital[J]. Journal of Accounting Research, 2002(40): 21-40.

［19］Boubakri N, Cosset J C, Saffar W. The role of state and foreign owners in corporate risk-taking: Evidence from privatization［J］. Journal of Financial Economics, 2013, 108(3): 641-658.

［20］Brown J R, Fazzari S M, Petersen B C. Financing innovation and growth: Cash flow, external equity, and the 1990s R&D boom［J］. The Journal of Finance, 2009, 64(1): 151-185.

［21］Brown J R, Petersen B C. Cash holdings and R&D smoothing［J］. Journal of Corporate Finance, 2011, 17(3): 694-709.

［22］Bushman R M, Smith A J. Financial accounting information and corporate governance［J］. Journal of accounting and Economics, 2001, 32(1-3): 237-333.

［23］Caggese A. Entrepreneurial risk, investment and innovation［J］. Journal of Financial Economics, 2012, 106(2): 287-307.

［24］Cargliu A, Nijkamp P. Space and knowledge spillovers in European regions: the impact of different forms of proximity on spatial knowledge diffusion［J］. Journal of Economic Geography, 2016, 16(3): 749-774.

［25］Cefis E. Is there persistence in innovative activities? ［J］. International Journal of Industrial Organization, 2003, 21(4): 489-515.

［26］Chakraborty A, Sheikh S, Subramanian N. Termination risk and managerial risk taking［J］. Journal of Corporate Finance, 2007, 13(1): 170-188.

［27］Chen Q, Jiang Y, Skerratt L. Did the market overreact to the mandatory switch to IFRS in Europe? ［J］. EFMA, 2013: 1-30.

［28］Cheynel E. A theory of voluntary disclosure and cost of capital ［J］. Review of Accounting Studies, 2013, 18(4): 987-1020.

［29］Choy H L, Lin J, Officer M S. Does freezing a defined benefit pension plan affect firm risk? ［J］. Social Science Electronic Publishing, 2014, 57(1): 1-21.

［30］Christensen P O, Enrique D L R L, Feltham G A. Information and the cost of capital: an ex-ante perspective [J]. Social Science Electronic Publishing, 2010, 85(3): 817-848.

[31]Clinch G, Verrecchia R E. Voluntary disclosure and the cost of capita [J]. Ssrn Electronic Journal, 2015, 40(2) : 205-7.

[32]Coles J L, Daniel N D, Naveen L. Managerial incentives and risk-taking [J]. Journal of Financial Economics, 2006, 79(2): 431-468.

[33]Cong L W, He Z. Zheng J. Blockchain disruption and smart contracts[J]. The Review of Financial Studies, 2019, 32(5): 1754-1797.

[34]Core J E. A review of the empirical disclosure literature: discussion[J]. Journal of Accounting and Economics, 2001, 31 (1-3): 441-456.

[35]Cornett M M, Marcus A J, Saunders A, et al. Earnings management, corporate governance, and true financial performance[J]. Accounting and Finance, 2006(45): 241-267.

[36]Cornett M, Marcus A J, Tehranian H. Corporate governance and pay-for-performance: the impact of earnings management[J]. Journal of Financial Economics, 2008(87): 357-373.

[37]Debreceny R, Rahman A. Firm-specific determinants of continuous corporate disclosures [J]. International Journal of Accounting, 2005, 40 (3): 249-278.

[38]Dutta S, Nezlobin A. Information disclosure, firm growth, and the cost of capital[J]. Journal of Financial Economics, 2017, 123(2): 415-431.

[39]Eisenmann T R. The effects of CEO equity ownership and firm diversification on risk taking[J]. Strategic Management Journal, 2002, 23 (6): 513-534.

[40]Ellahie A, Hayes R M, Plumlee M. Growth matters: disclosure level and risk premium[J]. Social Science Electronic Publishing, 2016: 1-40.

[41]Faccio M, Marchica M T, Mura R. CEO gender, corporate risk-taking, and the efficiency of capital allocation[J]. Journal of Corporate Finance, 2016,

39(1): 193-209.

[42]Fama E F. Efficient capital markets: A review of theory and empirical work [J]. The Journal of Finance, 1970, 25(2): 383-417.

[43]Freeman C. The economics of industrial innovation [M]. MA: The MIT Press, 1982.

[44]Freund C, Weinhold D. The effect of the internet on international trade[J]. Journal of International Economics, 2004, 62(1): 171-189.

[45]García-Sánchez Isabel-María, Noguera-Gámez Ligia. Integrated information and the cost of capital [J]. International Business Review, 2017(26): 959-975.

[46]Gomber P, Kauffman R J, Parker C. On the fintech revolution: interpreting the forces of innovation, disruption and transformation in financial services [J]. Journal of Management Information Systems, 2018, 35(1): 220-265.

[47]Gruber H. Proposals for a digital industrial policy for Europe [J]. Telecommunications Policy, 2019, 43(2): 116-127.

[48]He J J, Tian X. The dark side of analyst coverage: The case of innovation [J]. Journal of Financial Economics, 2013, 109(3): 856-878.

[49]Healy P M, Palepu K G. Information asymmetry, corporate disclosure, and the capital markets: A review of the empirical disclosure literature [J]. Journal of Accounting and Economics, 2001, 31(1-3): 405-440.

[50]Hermalin B E, Weisbach M S. Information disclosure and corporate governance[J]. The Journal of Finance, 2012, 67(1): 195-233.

[51]Hirshleifer D, Thakor A V. Managerial conservatism, project choice, and debt[J]. The Review of Financial Studies, 1992, 5(3): 437-470.

[52]Holmstrom B. Agency costs and innovation [J]. Journal of Economic Behavior & Organization, 1989, 12(3): 305-327.

[53]Huesig S, Endres H. Exploring the digital innovation process: The role of functionality for the adoption of innovation management software by

innovation managers［J］. European Journal of Innovation Management, 2019, 22(2): 302-314.

［54］Hutchinson M, Gul F A. Investment opportunity set, corporate governance practices and firm performance［J］. Journal of Corporate Finance, 2004 (10): 595-614.

［55］John K, Litov L, Yeung B. Corporate governance and risk-taking［J］. The Journal of Finance, 2008, 63(4): 1679-1728.

［56］Kempf A, Ruenzi S, Thiele T. Employment risk, compensation incentives, and managerial risk taking: Evidence from the mutual fund industry［J］. Journal of Financial Economics, 2009, 92(1): 92-108.

［57］Kim E H, Lu Y. CEO ownership, external governance, and risk-taking［J］. Journal of Financial Economics, 2011, 102(2): 272-292.

［58］Kim Y, Li H, Li S. Corporate social responsibility and stock price crash risk［J］. Journal of Banking & Finance, 2014, 43(1): 1-13.

［59］Koerniadi H, Krishnamurti C, Tourani-Rad A. Corporate governance and risk-taking in New Zealand［J］. Australian Journal of Management, 2014, 39(2): 227-245.

［60］Lambert R, Leuz C, Verrecchia, R. Accounting information, disclosure, and the cost of capital［J］. Journal of Accounting Research, 2007, 45(2): 385-420.

［61］Li J, Tang Y. CEO hubris and firm risk taking in China: The moderating role of managerial discretion［J］. Academy of Management Journal, 2010, 53(1): 45-68.

［62］Lin Peng, Ailsa Röell. Executive pay and shareholder litigation［J］. Review of Finance, 2008, 12(1): 141-184.

［63］Madhavan A, Dallas G S. Security prices and market transparency［J］. Journal of Financial Intermediation, 2002(5): 255-283.

［64］March J G. Exploration and exploitation in organizational learning［J］.

Organization Science, 1991(2): 71-87.

[65]Mishra D R. Multiple large shareholders and corporate risk taking: Evidence from East Asia[J]. Corporate Governance: An International Review, 2011, 19(6): 507-528.

[66]Mone M A, McKinley W, Barker V L. Organizational decline and innovation: A contingency framework[J]. Academy of management review, 1998, 23(1): 115-132.

[67]Mukherjee A, Singh M, Žaldokas A. Do corporate taxes hinde rinnovation? [J]. Journal of Financial Economics, 2017, 124(1): 195-221.

[68]Myers J G. The new realities in productivity and growth: energy and pollution[J]. Business Economics, 1977, 12(1): 53-57.

[69]Nambisan S, Wright M, Feldman M. The digital transformation of innovation and entrepreneurship: Progress, challenges and key themes[J]. Research Policy, 2019, 48(8): 103773. 1-103773. 9.

[70]Patelli L, Prencipe A. The relationship between voluntary disclosure and independent directors in the presence of a dominant shareholder [J]. European Accounting Review, 2007, 16(1): 5-33.

[71]Peng M W. Outside directors and firm performance during institutional transitions[J]. Strategic Management Journal, 2004(25): 453-471.

[72]Raymond W, Mohnen P, Palm F, et al. Persistence of innovation in Dutch manufacturing: Is it spurious? [J]. The Review of Economics and Statistics, 2010, 92(03): 495-504.

[73]Ribau C P, Moreira A C, Raposo M. The role of exploitative and exploratory innovation in export performance: an analysis of plastics industry SMEs[J]. European Journal of International Management, 2019, 13(2): 224-246.

[74]Richardson A, Welker M. Social disclosure, financial disclosure and the cost of equity capital [J]. Accounting, Organizations and Society, 2001

（26）：597-616.

[75] Ross S A. The economic theory of agency: The principal's problem[J]. The American Economic Review, 1973, 63(2): 134-139.

[76] Rothaermel F T, Alexandre M T. Ambidexterity in technology sourcing: The moderating role of absorptive capacity[J]. Organization Science, 2009, 20 (4): 759-780.

[77] Susan M. Albringa, Xiaolu Xu. Management earnings forecasts, managerial incentives, and risk-taking [J]. Advances in Accounting, 2018 (42): 48-69.

[78] Triguero A, Córcoles D, Cuerva M C. Persistence of innovation and firm's growth: evidence from a panel of SME and large Spanish manufacturing firms[J]. Small Business Economics, 2014, 43(4): 787-804.

[79] Triguero A, Córcoles D. Understanding innovation: An analysis of persistence for Spanish manufacturing firms[J]. Research Policy, 2013, 42 (2): 340-352.

[80] Verrecchia R E. Discretionary disclosure[J]. Journal of Accounting and Economics, 1983, 5(3): 179-194.

[81] Vial G. Understanding digital transformation: A review and a research agenda[J]. Journal of Strategic Information Systems, 2019, 28(2): 13-66.

[82] Wang C J. Board size and firm risk-taking [J]. Review of Quantitative Finance and Accounting, 2012, 38(4): 519-542.

[83] Wilson W, Rose L, Pinfold J. Moderating risk in New Zealand retail banks: Disclosure as an alternative regulatory regime [J]. Journal of Banking Regulation, 2012, 13(1): 4-23.

[84] Wright P, Kroll M, Krug J A, Pettus M. Influences of top management team incentives on firm risk taking [J]. Strategic Management Journal, 2007, 28(1): 81-89.

[85] Wu Y, Bowe M. Information disclosure, market discipline and the

management of bank capital: Evidence from the Chinese financial sector [J]. Journal of Financial Services Research, 2010, 38(2-3): 159-186.

[86] Yang M, Wang J, Zhang X. Boundary-spanning search and sustainable competitive advantage: The mediating roles of exploratory and exploitative innovations[J]. Journal of Business Research, 2021(127): 290-299.

[87] Zhang G. Ownership concentration, risk aversion and the effect of financial structure on investment decisions[J]. European Economic Review, 1998, 42(09): 1751-1778.

[88] 安同良, 闻锐. 中国企业数字化转型对创新的影响机制及实证[J]. 现代经济探讨, 2022(5): 1-14.

[89] 曾萍, 黄紫薇, 夏秀云. 外部网络对企业双元创新的影响: 制度环境与企业性质的调节作用[J]. 研究与发展管理, 2017, 29(5): 113-122.

[90] 曾颖, 陆正飞. 信息披露质量与股权融资成本[J]. 经济研究, 2006 (2): 69-79, 91.

[91] 陈小辉, 张红伟, 吴永超. 数字经济如何影响产业结构水平? [J]. 证券市场导报, 2020(7): 20-29.

[92] 程文先, 钱学锋. 数字经济与中国工业绿色全要素生产率增长[J]. 经济问题探索, 2021(8): 124-140.

[93] 崔学刚. 公司治理机制对公司透明度的影响——来自中国上市公司的经验数据[J]. 会计研究, 2007(8): 72-80.

[94] 党琳, 李雪松, 申烁. 数字经济、创新环境与合作创新绩效[J]. 山西财经大学学报, 2021, 43(11): 1-15.

[95] 邓伟, 陈佳明. 信息披露质量对企业风险承担的影响[J]. 金融与经济, 2021(3): 47-54.

[96] 杜莹, 刘立国. 股权结构与公司治理效率: 中国上市公司的实证分析 [J]. 管理世界, 2002(11): 124-133.

[97] 段云龙. 基于制度结构的企业持续技术创新能力评价与应用[J]. 统计与决策, 2010(5): 186-188.

[98]樊霞,陈娅,张巧玲.经济政策不确定性、政府隐性担保与企业创新持续性[J].管理学报,2020,17(9):1347-1354.

[99]方杰,温忠麟,梁东梅,等.基于多元回归的调节效应分析[J].心理科学,2015(3):715-720.

[100]葛立宇.要素市场扭曲对企业家寻租及创新的影响[J].科技进步与对策,2018,35(13):123-130.

[101]郭美晨,杜传忠.ICT提升中国经济增长质量的机理与效应分析[J].统计研究,2019,36(3):3-16.

[102]郭敏,傅明华.风险投资特征、信息披露质量与公司业绩波动水平[J].财会通讯,2016(27):22-26,129.

[103]韩璐,陈松,梁玲玲.数字经济、创新环境与城市创新能力[J].科研管理,2021,42(4):35-45.

[104]韩美妮,王福胜.信息披露质量、银行关系和技术创新[J].管理科学,2017,30(5):136-146.

[105]韩松,王洺硕.数字经济、研发创新与文化产业高质量发展[J].山东大学学报(哲学社会科学版),2022(3):25-37.

[106]何凌云,陶东杰.税收征管、制度环境与企业创新投入[J].科研管理,2020,41(9):42-50.

[107]何威风,刘巍,黄凯莉.管理者能力与企业风险承担[J].中国软科学,2016(5):107-118.

[108]何熙琼,杨昌安.中国企业的创新持续性及其作用机制研究——基于成本性态视角[J].科学学与科学技术管理,2019(5):105-121.

[109]何郁冰,周慧,丁佳敏.技术多元化如何影响企业的持续创新?[J].科学学研究,2017,35(12):1896-1909.

[110]何郁冰,周慧.技术多元化对企业持续创新的影响——基于佳能的纵向案例分析[J].技术经济,2017,36(3):14-20,53.

[111]侯世英,宋良荣.数字经济、市场整合与企业创新绩效[J].当代财经,2021(6):78-88.

[112]胡山,余泳泽.数字经济与企业创新：突破性创新还是渐进性创新？[J].财经问题研究,2022(1)：42-51.

[113]胡亚权,周宏.高管薪酬、公司成长性水平与相对业绩评价[J].会计研究,2012(5)：22-28.

[114]扈文秀,杜金柱,章伟果.信息披露质量影响公司风险承担：治理效应抑或声誉效应？[J].运筹与管理,2021,30(7)：210-217.

[115]黄节根,吉祥熙,李元旭.数字化水平对企业创新绩效的影响研究——来自沪深A股上市公司的经验证据[J].江西社会科学,2021,41(5)：61-72,254-255.

[116]黄敏,蒋海,杨子晖,等.资本监管、信息披露质量对银行风险承担的影响[J].国际金融研究,2018(11)：56-66.

[117]黄群慧,余泳泽,张松林.互联网发展与制造业生产率提升：内在机制与中国经验[J].中国工业经济,2019(8)：5-23.

[118]江媛,王治.董事会报告可读性、制度环境与分析师预测——来自我国上市公司的经验证据[J].财经理论与实践,2019,40(3)：88-93.

[119]金洪飞,李弘基,刘音露.金融科技、银行风险与市场挤出效应[J].财经研究,2020,46(5)：52-65.

[120]金环,于立宏.数字经济、城市创新与区域收敛[J].南方经济,2021(12)：21-36.

[121]康瑾,陈凯华.数字创新发展经济体系：框架、演化与增值效应[J].科研管理,2021,42(4)：1-10.

[122]乐怡婷,李慧慧,李健.高管持股对创新可持续性的影响研究——兼论高管过度自信与产权性质的调节效应[J].科技进步与对策,2017,34(2)：139-146.

[123]冷建飞,高云.融资约束下企业社会责任信息披露质量与创新持续性——中小板企业数据分析[J].科技进步与对策,2019,36(11)：77-84.

[124]李常青,赖建清.董事会特征影响公司绩效吗？[J].金融研究,2004

（5）：64-77.

[125]李虹，袁颖超，许宁宁.金融生态环境、投资者信心、公司成长性与股权资本成本[J].财会通讯，2018（3）：49-54.

[126]李慧云，刘镝.市场化进程、自愿性信息披露和权益资本成本[J].会计研究，2016（1）：71-78.

[127]李慧云，谭文惠，张红璐，等.高管权力强度、自愿性信息披露与公司业绩波动性——基于新三板公司的实证研究[J].统计与信息论坛，2017，32（8）：39-46.

[128]李健，李慧慧，潘镇.高管薪酬、政治关联与创新可持续性[J].南大商学评论，2015（3）：88-106.

[129]李健，杨蓓蓓，潘镇.政府补助、股权集中度与企业创新可持续性[J].中国软科学，2016（6）：180-192.

[130]李香菊，祝丹枫.财税政策波动如何影响中国制造业转型升级——基于信息不对称和目标冲突视角的分析[J].财贸研究，2018，29（11）：15-30.

[131]李小荣，张瑞君.股权激励影响风险承担：代理成本还是风险规避？[J].会计研究，2014（1）：57-63.

[132]李雪，吴福象，竺李乐.数字经济与区域创新绩效[J].山西财经大学学报，2021，43（5）：17-30.

[133]李永波，朱方明.企业技术创新理论研究的回顾与展望[J].西南民族学院学报（哲学社会科学版），2002，23（3）：188-191.

[134]李韵，丁林峰.新冠疫情蔓延突显数字经济独特优势[J].上海经济研究，2020（4）：59-65.

[135]林大庞，苏冬蔚.股权激励与公司业绩——基于盈余管理视角的新研究[J].金融研究，2011（9）：162-177.

[136]林长泉，毛新述，刘凯璇.董秘性别与信息披露质量——来自沪深A股市场的经验证据[J].金融研究，2016（9）：193-206.

[137]刘启亮，罗乐，何威风，等.控股权性质、制度环境与内部控制[J].

会计研究, 2012(3)：52-61.

[138]刘思彤, 张启銮, 李延喜. 高管内部薪酬差距能否抑制企业风险承担？[J]. 科研管理, 2018, 39(S1)：189-199, 225.

[139]刘志远, 王存峰, 彭涛, 等. 政策不确定性与企业风险承担：机遇预期效应还是损失规避效应[J]. 南开管理评论, 2017, 20(6)：15-27.

[140]柳卸林, 张伟捷, 董彩婷. 企业多元化、所有制差异和创新持续性——基于ICT产业的研究[J]. 科学学与科学技术管理, 2021, 42(1)：76-89.

[141]卢文彬, 官峰, 张佩佩, 等. 媒体曝光度、信息披露环境与权益资本成本[J]. 会计研究, 2014(12)：66-71.

[142]卢馨, 郑阳飞, 李建明. 融资约束对企业R&D投资的影响研究——来自中国高新技术上市公司的经验证据[J]. 会计研究, 2013(5)：51-58, 96.

[143]罗进辉. 上市公司的信息披露质量为何摇摆不定？[J]. 投资研究, 2014, 33(1)：134-152.

[144]罗琦, 王悦歌. 真实盈余管理与权益资本成本——基于公司成长性差异的分析[J]. 金融研究, 2015(5)：178-191.

[145]吕铁, 李载驰. 数字技术赋能制造业高质量发展——基于价值创造和价值获取的视角[J]. 学术月刊, 2021, 53(4)：56-65, 80.

[146]马红, 侯贵生, 王元月. 短贷长投对企业创新可持续性支持的实证研究[J]. 科技进步与对策, 2018, 35(11)：109-116.

[147]马连福, 曹春方. 制度环境、地方政府干预、公司治理与IPO募集资金投向变更[J]. 管理世界, 2011(05)：127-139, 148, 188.

[148]毛其淋, 许家云. 政府补贴、异质性与企业风险承担[J]. 经济学(季刊), 2016, 15(4)：1533-1562.

[149]毛新述, 叶康涛, 张頔. 上市公司权益资本成本的测度与评价——基于我国证券市场的经验检验[J]. 会计研究, 2012(11)：12-22.

[150]孟庆斌, 吴卫星, 于上尧. 基金经理职业忧虑与其投资风格[J]. 经济

研究, 2015, 50(3)：115-130.

[151]孟晓俊, 肖作平, 曲佳莉. 企业社会责任信息披露与资本成本的互动关系——基于信息不对称视角的一个分析框架[J]. 会计研究, 2010 (9)：25-29.

[152]潘越, 王宇光. 税收征管、政企关系与上市公司债务融资[J]. 中国工业经济, 2013(8)：109-121.

[153]彭丁, 赖莎. 信息质量、治理机制与公司业绩——基于会计信息有效性的经验证据[J]. 财会通讯, 2014(27)：31-34.

[154]彭晓, 修宗峰, 刘然. 商帮文化、制度环境与企业社会责任信息披露——基于我国 A 股民营上市公司的经验证据[J]. 中南大学学报 (社会科学版), 2020, 26(5)：133-147.

[155]戚聿东, 肖旭. 数字经济时代的企业管理变革[J]. 管理世界, 2020, 36(6)：135-152, 250.

[156]钱爱民, 张晨宇. 政府治理、会计信息质量与经济增长研究[J]. 证券市场导报, 2016(2)：12-18.

[157]邱洋冬. 数字化变革与企业创新——知识来源视角[J]. 兰州学刊, 2022(7)：58-79.

[158]权小锋, 吴世农. CEO 权力强度、信息披露质量与公司业绩的波动性——基于深交所上市公司的实证研究[J]. 南开管理评论, 2010, 13 (4)：142-153.

[159]邵剑兵, 吴珊. 高新技术企业股权激励与双元创新[J]. 研究与发展管理, 2020, 32(4)：176-186.

[160]申明浩, 谭伟杰, 陈钊泳. 数字经济发展对企业创新的影响——基于 A 股上市公司的经验证据[J]. 南方金融, 2022(2)：30-44.

[161]沈红波, 潘飞, 高新梓. 制度环境与管理层持股的激励效应[J]. 中国工业经济, 2012(8)：96-108.

[162]沈洪涛, 游家兴, 刘江宏. 再融资环保核查、环境信息披露与权益资本成本[J]. 金融研究, 2010(12)：159-172.

[163]沈俊,张仁慧.中小企业的风险承担会保证投资收益吗?——基于融资约束的干扰性交互作用研究[J].投资研究,2018,37(6):46-54.

[164]司茹.控股权性质、政治关联与信息披露质量[J].经济与管理研究,2013(10):122-128.

[165]宋建波,田悦.管理层持股的利益趋同效应研究——基于中国A股上市公司盈余持续性的检验[J].经济理论与经济管理,2012(12):99-109.

[166]苏坤.管理层股权激励、风险承担与资本配置效率[J].管理科学,2015,28(3):14-25.

[167]唐松,伍旭川,祝佳.数字金融与企业技术创新——结构特征、机制识别与金融监管下的效应差异[J].管理世界,2020(5):52-66,9.

[168]王茜.信息披露质量与公司业绩的关系研究[J].财经理论与实践,2008(5):66-70.

[169]王慎敏.双重委托代理理论文献综述[J].全国流通经济,2020(26):83-86.

[170]王晓君,付文林.政府补贴对制造业企业创新可持续性的影响研究——基于行业景气度的视角[J].经济纵横,2019(11):91-102.

[171]王雄元,高曦.年报风险披露与权益资本成本[J].金融研究,2018(1):174-190.

[172]王跃堂,赵子夜,魏晓雁.董事会的独立性是否影响公司绩效?[J].经济研究,2006(5):62-73.

[173]王运陈,陈玉梅,唐曼萍.制度环境、信息披露质量与投资者保护[J].北京工商大学学报(社会科学版),2017,32(5):59-67.

[174]王宗润,万源沅,周艳菊.隐性存款保险下银行信息披露与风险承担[J].管理科学学报,2015,18(4):84-97.

[175]温珺,阎志军,程愚.数字经济驱动创新效应研究——基于省际面板数据的回归[J].经济体制改革,2020(3):31-38.

[176]温忠麟,侯杰泰,张雷.调节效应与中介效应的比较和应用[J].心理

学报，2005（2）：268-274.

[177]吴晓波，胡松翠，章威. 创新分类研究综述[J]. 重庆大学学报（社会科学版），2007（5）：35-41.

[178]吴赢，张翼. 数字经济与区域创新——基于融资和知识产权保护的角度[J]. 南方经济，2021（9）：36-51.

[179]肖土盛，宋顺林，李路. 信息披露质量与股价崩盘风险：分析师预测的中介作用[J]. 财经研究，2017（2）：112-123.

[180]谢卫红，林培望，李忠顺，等. 数字化创新：内涵特征、价值创造与展望[J]. 外国经济与管理，2020，42（9）：19-31.

[181]熊彼特·约瑟夫. 经济发展理论[M]. 北京：商务印书馆，1991.

[182]熊励，蔡雪莲. 数字经济对区域创新能力提升的影响效应——基于长三角城市群的实证研究[J]. 华东经济管理，2020，34（12）：1-8.

[183]徐广成，张茵，陈智. 控股权性质、政府层级与企业自愿信息披露[J]. 中国经济问题，2016（6）：124-133.

[184]徐清源，单志广，马潮江. 国内外数字经济测度指标体系研究综述[J]. 调研世界，2018（11）：52-58.

[185]徐珊，黄健柏. 企业控股权、社会责任与权益资本成本[J]. 南方经济，2015，33（4）：76-92.

[186]徐向龙，侯经川. 促进、加速与溢出：数字经济发展对区域创新绩效的影响[J]. 科技进步与对策，2022，39（1）：50-59.

[187]许宪春，张美慧. 中国数字经济规模测算研究——基于国际比较的视角[J]. 中国工业经济，2020（5）：23-41.

[188]薛阳，胡丽娜. 制度环境、政府补助和制造业企业创新积极性：激励效应与异质性分析[J]. 经济经纬，2020，37（6）：88-96.

[189]闫俊周，姬婉莹，熊壮. 数字创新研究综述与展望[J]. 科研管理，2021，42（4）：11-20.

[190]杨兴全，吴昊旻. 成长性、代理冲突与公司财务政策[J]. 会计研究，2011（8）：40-45.

[191] 伊志宏，姜付秀，秦义虎. 产品市场竞争、公司治理与信息披露质量[J]. 管理世界，2010(01)：133-141，161，188.

[192] 易靖韬，王悦昊. 数字化转型对企业出口的影响研究[J]. 中国软科学，2021(3)：94-104.

[193] 余明桂，李文贵，潘红波. 管理者过度自信与企业风险承担[J]. 金融研究，2013(1)：149-163.

[194] 俞伯阳. 数字经济、要素市场化配置与区域创新能力[J]. 经济与管理，2022，36(2)：36-42.

[195] 张兵，范致镇，潘军昌. 信息透明度与公司绩效——基于内生性视角的研究[J]. 金融研究，2009(2)：169-184.

[196] 张纯，吕伟. 信息披露、信息中介与企业过度投资[J]. 会计研究，2009(1)：60-65，97.

[197] 张璐阳，戚聿东. 数字技术背景集成电路产业颠覆创新模式构建[J]. 科学学研究，2021，39(5)：920-929.

[198] 张敏，童丽静，许浩然. 社会网络与企业风险承担——基于我国上市公司的经验证据[J]. 管理世界，2015(11)：161-175.

[199] 张三保，张志学. 区域制度差异、CEO 管理自主权与企业风险承担——中国 30 省高技术产业的证据[J]. 管理世界，2012(4)：101-114，188.

[200] 张学勇，廖理. 股权分置改革、自愿性信息披露与公司治理[J]. 经济研究，2010，45(4)：28-39，53.

[201] 张玉明，赵瑞瑞，徐凯歌. 突破知识共享困境：线上社会网络对创新绩效的影响——双元学习的中介作用[J]. 科学学与科学技术管理，2019，40(10)：97-112.

[202] 张宗新，杨飞，袁庆海. 上市公司信息披露质量提升能否改进公司绩效？——基于 2002—2005 年深市上市公司的经验证据[J]. 会计研究，2007，20(10)：16-23.

[203] 赵滨元. 数字经济对区域创新绩效及其空间溢出效应的影响[J]. 科技

进步与对策, 2021, 38(14): 37-44.

[204]赵涛, 张智, 梁上坤. 数字经济、创业活跃度与高质量发展——来自中国城市的经验证据[J]. 管理世界, 2020, 36(10): 65-76.

[205]赵振, 彭毫. "互联网+"跨界经营——基于价值创造的理论构建[J]. 科研管理, 2018, 39(09): 121-133.

[206]周路路, 李婷婷, 李健. 高管过度自信与创新可持续性的曲线关系研究[J]. 科学学与科学技术管理, 2017, 38(07): 105-118.

[207]李维, 李海奇, 黄宇漩, 等. CEO职业关注与企业会计信息披露质量[J]. 财经理论与实践, 2021, 42(6): 96-102.

[208]何瑛, 李墈爽. 资本市场开放与企业信息披露质量——来自深港通交易制度的经验证据[J]. 财务研究, 2021(3): 56-69.

[209]孙雅妮, 王君宜. 经济政策不确定性、信息披露质量与客户关系稳定度[J]. 当代财经, 2021(4): 125-136.

[210]程小可, 孙乾. 董秘任期与信息披露质量[J]. 经济管理, 2020, 42(12): 113-131.

[211]鲁清仿, 杨雪晴. 管理层能力对信息披露质量的影响研究[J]. 科研管理, 2020, 41(7): 210-220.

[212]何平林, 孙雨龙, 宁静, 等. 高管特质、法治环境与信息披露质量[J]. 中国软科学, 2019(10): 112-128.

[213]彭文平, 张姗姗. 融券卖空、分析师跟踪与企业信息披露质量[J]. 南京审计大学学报, 2019, 16(3): 46-54.